心一堂術數古籍珍本叢刊

書名：天元選擇辨正
系列：心一堂術數古籍珍本叢刊　選擇類　第一輯　115
作者：【清】謝少暉
主編、責任編輯：陳劍聰
心一堂術數古籍珍本叢刊編校小組：陳劍聰　素聞　梁松盛　鄒偉才　虛白盧主

出版：心一堂有限公司
通訊地址：香港九龍旺角彌敦道六一〇號荷李活商業中心十八樓〇五－〇六室
深港讀者服務中心：中國深圳市羅湖區立新路六號羅湖商業大厦負一層〇〇八室
電話號碼：(852)67150840
網址：publish.sunyata.cc
電郵：sunyatabook@gmail.com
網店：http://book.sunyata.cc
淘寶店地址：https://shop210782774.taobao.com
微店地址：https://weidian.com/s/1212826297
臉書：https://www.facebook.com/sunyatabook
讀者論壇：http://bbs.sunyata.cc/

版次：二零一五年三月初版
平裝

港幣　八百八十元正
定價：人民幣　八百八十元正
新台幣　三千五百元正

國際書號：ISBN 978-988-8316-39-7

香港發行：香港聯合書刊物流有限公司
地址：香港新界大埔汀麗路36號中華商務印刷大廈3樓
電話號碼：(852)2150-2100
傳真號碼：(852)2407-3062
電郵：info@suplogistics.com.hk

台灣發行：秀威資訊科技股份有限公司
地址：台灣台北市內湖區瑞光路七十六巷六十五號一樓
電話號碼：+886-2-2796-3638
傳真號碼：+886-2-2796-1377
網絡書店：www.bodbooks.com.tw
台灣國家書店讀者服務中心：
地址：台灣台北市中山區松江路二〇九號一樓
電話號碼：+886-2-2518-0207
傳真號碼：+886-2-2518-0778
網絡書店：http://www.govbooks.com.tw

中國大陸發行　零售：深圳心一堂文化傳播有限公司
深圳地址：深圳市羅湖區立新路六號羅湖商業大厦負一層〇〇八室
電話號碼：(86)0755-82224934

心一堂微店二維碼

心一堂淘寶店二維碼

心一堂術數古籍 珍本 整理 叢刊 總序

術數定義

術數，大概可謂以「推算（推演）、預測人（個人、群體、國家等）、事、物、自然現象、時間、空間方位等規律及氣數，並或通過種種『方術』，從而達致趨吉避凶或某種特定目的」之知識體系和方法。

術數類別

我國術數的內容類別，歷代不盡相同，例如《漢書・藝文志》中載，漢代術數有六類：天文、曆譜、五行、蓍龜、雜占、形法。至清代《四庫全書》，術數類則有：數學、占候、相宅相墓、占卜、命書、相書、陰陽五行、雜技術等，其他如《後漢書・方術部》、《藝文類聚・方術部》、《太平御覽・方術部》等，對於術數的分類，皆有差異。古代多把天文、曆譜、及部分數學均歸入術數類，而民間流行亦視傳統醫學作為術數的一環；此外，有些術數與宗教中的方術亦往往難以分開。現代民間則常將各種術數歸納為五大類別：命、卜、相、醫、山，通稱「五術」。

本叢刊在《四庫全書》的分類基礎上，將術數分為九大類別：占筮、星命、相術、堪輿、選擇、三式、讖諱、理數（陰陽五行）、雜術（其他）。而未收天文、曆譜、算術、宗教方術、醫學。

術數思想與發展——從術到學，乃至合道

我國術數是由上古的占星、卜筮、形法等術發展下來的。其中卜筮之術，是歷經夏商周三代而通過「龜卜、蓍筮」得出卜（筮）辭的一種預測（吉凶成敗）術，之後歸納並結集成書，此即現傳之《易

經》。經過春秋戰國至秦漢之際，受到當時諸子百家的影響、儒家的推崇，遂有《易傳》等的出現，原本是卜筮術書的《易經》，被提升及解讀成有包涵「天地之道（理）」之學。因此，《易・繫辭傳》曰：「易與天地準，故能彌綸天地之道。」

漢代以後，易學中的陰陽學說，與五行、九宮、干支、氣運、災變、律曆、卦氣、讖緯、天人感應說等相結合，形成易學中象數系統。而其他原與《易經》本來沒有關係的術數，如占星、形法、選擇，亦漸漸以易理（象數學說）為依歸。《四庫全書・易類小序》云：「術數之興，多在秦漢以後。要其旨，不出乎陰陽五行，生尅制化。實皆《易》之支派，傳以雜說耳。」至此，術數可謂已由「術」發展成「學」。

及至宋代，術數理論與理學中的河圖洛書、太極圖、邵雍先天之學及皇極經世等學說給合，通過術數以演繹理學中「天地中有一太極，萬物中各有一太極」（《朱子語類》）的思想。術數理論不單已發展至十分成熟，而且也從其學理中衍生一些新的方法或理論，如《梅花易數》、《河洛理數》等。

在傳統上，術數功能往往不止於僅僅作為趨吉避凶的方術，及「能彌綸天地之道」的學問，亦有其「修心養性」的功能，「與道合一」（修道）的內涵。《素問・上古天真論》：「上古之人，其知道者，法於陰陽，和於術數。」數之意義，不單是外在的算數、歷數、氣數，而是與理學中同等的「道」、「理」--心性的功能，北宋理氣家邵雍對此多有發揮：「聖人之心，是亦數也」、「萬化萬事生乎心」、「心為太極」。《觀物外篇》：「先天之學，心法也。……蓋天地萬物之理，盡在其中矣，心一而不分，則能應萬物。」反過來說，宋代的術數理論，受到當時理學、佛道及宋易影響，認為心性本質上是等同天地之太極。天地萬物氣數規律，能通過內觀自心而有所感知，即是內心也已具備有術數的推演及預測、感知能力；相傳是邵雍所創之《梅花易數》，便是在這樣的背景下誕生。

《易・文言傳》已有「積善之家，必有餘慶；積不善之家，必有餘殃」之說，至漢代流行的災變說及讖緯說，我國數千年來都認為天災，異常天象（自然現象），皆與一國或一地的施政者失德有關；下至家族、個人之盛衰，也都與一族一人之德行修養有關。因此，我國術數中除了吉凶盛衰理數之外，人心的德行修養，也是趨吉避凶的一個關鍵因素。

術數與宗教、修道

在這種思想之下，我國術數不單只是附屬於巫術或宗教行為的方術，又往往是一種宗教的修煉手段--通過術數，以知陰陽，乃至合陰陽（道）。「其知道者，法於陰陽，和於術數。」例如，「奇門遁甲」術中，即分為「術奇門」與「法奇門」兩大類。「法奇門」中有大量道教中符籙、手印、存想、內煉的內容，是道教內丹外法的一種重要外法修煉體系。甚至在雷法一系的修煉上，亦大量應用了術數內容。此外，相術、堪輿術中也有修煉望氣（氣的形狀、顏色）的方法；堪輿家除了選擇陰陽宅之吉凶外，也有道教中選擇適合修道環境（法、財、侶、地中的地）的方法，以至通過堪輿術觀察天地山川陰陽之氣，亦成為領悟陰陽金丹大道的一途。

易學體系以外的術數與的少數民族的術數

我國術數中，也有不用或不全用易理作為其理論依據的，如揚雄的《太玄》、司馬光的《潛虛》。也有一些占卜法、雜術不屬於《易經》系統，不過對後世影響較少而已。

外來宗教及少數民族中也有不少雖受漢文化影響（如陰陽、五行、二十八宿等學說。）但仍自成系統的術數，如古代的西夏、突厥、吐魯番等占卜及星占術，藏族中有多種藏傳佛教占卜術、苯教占卜術、擇吉術、推命術、相術等；北方少數民族有薩滿教占卜術；不少少數民族如水族、白族、布朗族、佤族、彝族、苗族等，皆有占雞（卦）草卜、雞蛋卜等術，納西族的占星術、占卜術，彝族畢摩的推命術、占卜術……等等，都是屬於《易經》體系以外的術數。相對上，外國傳入的術數以及其理論，對我國術數影響更大。

曆法、推步術與外來術數的影響

我國的術數與曆法的關係非常緊密。早期的術數中，很多是利用星宿或星宿組合的位置（如某星在某州或某宮某度）付予某種吉凶意義，并據之以推演，例如歲星（木星）、月將（某月太陽所躔之宮次）等。不過，由於不同的古代曆法推步的誤差及歲差的問題，若干年後，其術數所用之星辰的位置，已與真實星辰的位置不一樣了；此如歲星（木星），早期的曆法及術數以十二年為一周期（以應地支），與木星真實周期十一點八六年，每幾十年便錯一宮。後來術家又設一「太歲」的假想星體來解決，是歲星運行的相反，週期亦剛好是十二年。而術數中的神煞，很多即是根據太歲的位置而定。又如六壬術中的「月將」，原是立春節氣後太陽躔娵訾之次而稱作「登明亥將」，至宋代，因歲差的關係，要到雨水節氣後太陽才躔娵訾之次，當時沈括提出了修正，但明清時六壬術中「月將」仍然沿用宋代沈括修正的起法沒有再修正。

由於以真實星象周期的推步術是非常繁複，而且古代星象推步術本身亦有不少誤差，大多數術數除依曆書保留了太陽（節氣）、太陰（月相）的簡單宮次計算外，漸漸形成根據干支、日月等的各自起例，以起出其他具有不同含義的眾多假想星象及神煞系統。唐宋以後，我國絕大部分術數都主要沿用這一系統，也出現了不少完全脫離真實星象的術數，如《子平術》、《紫微斗數》、《鐵版神數》等。後來就連一些利用真實星辰位置的術數，如《七政四餘術》及選擇法中的《天星選擇》，也已與假想星象及神煞混合而使用了。

隨着古代外國曆（推步）、術數的傳入，如唐代傳入的印度曆法及術數，元代傳入的回回曆等，其中我國占星術便吸收了印度占星術中羅睺星、計都星等而形成四餘星，又通過阿拉伯占星術而吸收了其中來自希臘、巴比倫占星術的黃道十二宮、四大（四元素）學說（地、水、火、風），並與我國傳統的二十八宿、五行說、神煞系統並存而形成《七政四餘術》。此外，一些術數中的北斗星名，不用我國傳統的星名：天樞、天璇、天璣、天權、玉衡、開陽、搖光，而是使用來自印度梵文所譯的：貪狼、巨門、祿存、文曲，廉貞、武曲、破軍等，此明顯是受到唐代從印度傳入的曆法及占星術所影響。如星命術中的《紫微斗數》及堪輿術中的《撼龍經》等文獻中，其星皆用印度譯名。及至清初《時憲曆》，置閏之法則改用西法「定氣」。清代以後的術數，又作過不少的調整。

此外，我國相術中的面相術、手相術，唐宋之際受印度相術影響頗大，至民國初年，又通過翻譯歐西、日本的相術書籍而大量吸收歐西相術的內容，形成了現代我國坊間流行的新式相術。

陰陽學——術數在古代、官方管理及外國的影響

術數在古代社會中一直扮演着一個非常重要的角色，影響層面不單只是某一階層、某一職業、某一年齡的人，而是上自帝王，下至普通百姓，從出生到死亡，不論是生活上的小事如洗髮、出行等，大事如建房、入伙、出兵等，從個人、家族以至國家，從天文、氣象、地理到人事、軍事，從民俗、學術到宗教，都離不開術數的應用。我國最晚在唐代開始，已把以上術數之學，稱作陰陽（學），行術數者稱陰陽人。（敦煌文書、斯四三二七唐《師師漫語話》：「以下說陰陽人謾語話」，此說法後來傳入日本，今日本人稱行術數者為「陰陽師」）。一直到了清末，欽天監中負責陰陽術數的官員中，以及民間術數之士，仍名陰陽生。

古代政府的中欽天監（司天監），除了負責天文、曆法、輿地之外，亦精通其他如星占、選擇、堪輿等術數，除在皇室人員及朝庭中應用外，也定期頒行日書、修定術數，使民間對於天文、日曆用事吉凶及使用其他術數時，有所依從。

我國古代政府對官方及民間陰陽學及陰陽官員，從其內容、人員的選拔、培訓、認證、考核、律法監管等，都有制度。至明清兩代，其制度更為完善、嚴格。

宋代官學之中，課程中已有陰陽學及其考試的內容。（宋徽宗崇寧三年〔一一零四年〕崇寧算學令：「諸學生習……並曆算、三式、天文書。」「諸試……三式即射覆及預占三日陰陽風雨。天文即預

定一月或一季分野災祥，並以依經備草合問為通。」

金代司天臺，從民間「草澤人」（即民間習術數人士）考試選拔：「其試之制，以《宣明曆》試推步，及《婚書》、《地理新書》試合婚、安葬，並《易》筮法，六壬課、三命、五星之術。」（《金史》卷五十一・志第三十二・選舉一）

元代為進一步加強官方陰陽學對民間的影響、管理、控制及培育，除沿襲宋代、金代在司天監掌管陰陽學及中央的官學陰陽學課程之外，更在地方上增設陰陽學課程（《元史・選舉志一》：「世祖至元二十八年夏六月始置諸路陰陽學。」）地方上也設陰陽學教授員，培育及管轄地方陰陽人。（《元史・選舉志一》：「（元仁宗）延祐初，令陰陽人依儒醫例，於路、府、州設教授員，凡陰陽人皆管轄之，而上屬於太史焉。」）自此，民間的陰陽術士（陰陽人），被納入官方的管轄之下。

至明清兩代，陰陽學制度更為完善。中央欽天監掌管陰陽學，明代地方縣設陰陽學正術，各州設陰陽學典術，各縣設陰陽學訓術。陰陽人從地方陰陽學肆業或被選拔出來後，再送到欽天監考試。（《大明會典》卷二二三：「凡天下府州縣舉到陰陽人堪任正術等官者，俱從吏部送（欽天監），考中，送回選用；不中者發回原籍為民，原保官吏治罪。」）清代大致沿用明制，凡陰陽術數之流，悉歸中央欽天監及地方陰陽官員管理、培訓、認證。至今尚有「紹興府陰陽印」、「東光縣陰陽學記」等明代銅印，及某某縣某某之清代陰陽執照等傳世。

清代欽天監漏刻科對官員要求甚為嚴格。《大清會典》「國子監」規定：「凡算學之教，設肄業生。滿洲十有二人，蒙古、漢軍各六人，於各旗官學內考取。漢十有二人，於舉人、貢監生童內考取。附學生二十四人，由欽天監選送。教以天文演算法諸書，五年學業有成，舉人引見以欽天監博士用，貢監生童以天文生補用。」學生在官學肄業、貢監生肄業或考得舉人後，經過了五年對天文、算法、陰陽學的學習，其中精通陰陽術數者，會送往漏刻科。而在欽天監供職的官員，《大清會典則例》「欽天監」規定：「本監官生三年考核一次，術業精通者，保題升用。不及者，停其升轉，再加學習。如能黽勉供職，即予開復。仍不及者，降職一等，再令學習三年，能習熟者，准予開復，仍不能者，黜退。」除定期考核以定其升用降職外，《大清律例》中對陰陽術士不準確的推斷（妄言禍福）是要治罪的。《大清律例・一七八・術七・妄言禍福》：「凡陰陽術士，不許於大小文武官員之家妄言禍福，違者杖一百。其依經推算星命卜課，不在禁限。」大小文武官員延請的陰陽術士，自然是以欽天監漏刻科官員或地方陰陽官員為主。

官方陰陽學制度也影響鄰國如朝鮮、日本、越南等地，一直到了民國時期，鄰國仍然沿用着我國的多種術數。而我國的漢族術數，在古代甚至影響遍及西夏、突厥、吐蕃、阿拉伯、印度、東南亞諸國。

術數研究

術數在我國古代社會雖然影響深遠，「是傳統中國理念中的一門科學，從傳統的陰陽、五行、九宮、八卦、河圖、洛書等觀念作大自然的研究。……傳統中國的天文學、數學、煉丹術等，要到上世紀中葉始受世界學者肯定。可是，術數還未受到應得的注意。術數在傳統中國科技史、思想史，文化史、社會史，甚至軍事史都有一定的影響。……更進一步了解術數，我們將更能了解中國歷史的全貌。」（何丙郁《術數、天文與醫學中國科技史的新視野》，香港城市大學中國文化中心。）

可是術數至今一直不受正統學界所重視，加上術家藏秘自珍，又揚言天機不可洩漏，「（術數）乃吾國科學與哲學融貫而成一種學說，數千年來傳衍嬗變，或隱或現，全賴一二有心人為之繼續維繫，賴以不絕，其中確有學術上研究之價值，非徒癡人說夢，荒誕不經之謂也。其所以至今不能在科學中成立一種地位者，實有數因。蓋古代士大夫階級目醫卜星相為九流之學，多恥道之；而發明諸大師又故為惝恍迷離之辭，以待後人探索；間有一二賢者有所發明，亦秘莫如深，既恐洩天地之秘，復恐譏為旁門左道，始終不肯公開研究，成立一有系統說明之書籍，貽之後世。故居今日而欲研究此種學術，實一極困難之事。」（民國徐樂吾《子平真詮評註》，方重審序）

現存的術數古籍，除極少數是唐、宋、元的版本外，絕大多數是明、清兩代的版本。其內容也主要是明、清兩代流行的術數，唐宋或以前的術數及其書籍，大部分均已失傳，只能從史料記載、出土文獻、敦煌遺書中稍窺一鱗半爪。

術數版本

坊間術數古籍版本，大多是晚清書坊之翻刻本及民國書賈之重排本，其中豕亥魚魯，或任意增刪，往往文意全非，以至不能卒讀。現今不論是術數愛好者，還是民俗、史學、社會、文化、版本等學術研究者，要想得一常見術數書籍的善本、原版，已經非常困難，更遑論如稿本、鈔本、孤本等珍稀版本。在文獻不足及缺乏善本的情況下，要想對術數的源流、理法、及其影響，作全面深入的研究，幾不可能。

有見及此，本叢刊編校小組經多年努力及多方協助，在海內外搜羅了二十世紀六十年代以前漢文為主的術數類善本、珍本、鈔本、孤本、稿本、批校本等數百種，精選出其中最佳版本，分別輯入兩個系列：

一、心一堂術數古籍珍本叢刊

二、心一堂術數古籍整理叢刊

前者以最新數碼（數位）技術清理、修復珍本原本的版面，更正明顯的錯訛，部分善本更以原色彩色精印，務求更勝原本。并以每百多種珍本、一百二十冊為一輯，分輯出版，以饗讀者。

後者延請、稿約有關專家、學者，以善本、珍本等作底本，參以其他版本，古籍進行審定、校勘、注釋，務求打造一最善版本，方便現代人閱讀、理解、研究等之用。

限於編校小組的水平，版本選擇及考證、文字修正、提要內容等方面，恐有疏漏及舛誤之處，懇請方家不吝指正。

心一堂術數古籍 珍本 整理 叢刊編校小組

二零零九年七月序

二零一四年九月第三次修訂

一園主人輯

天元選擇辨正

宏道堂藏板

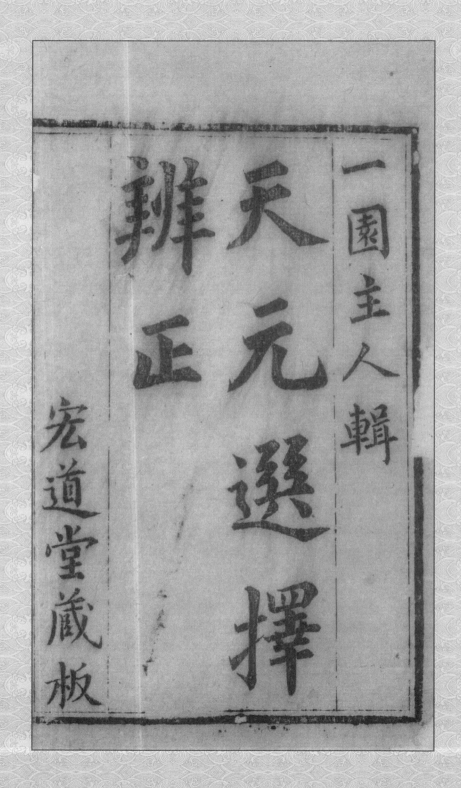

選擇辨正序

華亭蔣中陽先生、以鴻才博學爲幾
社所推重、國初、假青烏術自晦、著書
百餘種、有天元歌數章、其第五章、奇
楊公造命之法、專以寶照經天星、埽盡
支離荒誕之說、而歸諸切實簡明、詞約
而義賅、理精而法活、選擇諸書、未有如

此醇正者、顧其書雖存、而世俗拘于干支、惑於神煞、鮮能知之、即或知之而亦未能用之、一園謝翁、余同學老友也、博通羣籍、貫串百家、所作詩古文詞、傳播士林、久已膾炙人口、學者稱鄉癯先生、性嗜山水、因旁涉堪輿家言、博訪多方、得是書而深契於心、珍為鴻寶、研習比有年、因為

之逐節解釋、並著渾天寶照圖說、而
於天星秘竅中、取其星而汰其非、更繼
以七政輯要、歷法約編、候星瑣言、復摘
取日知錄十數條、以破當世之惑、而終之
以造命式、書凡八卷、雖體製不一、徵引
繁多、要皆根據經史、以發明蔣書之意、
而總名之曰、選擇辨正、屬以示余、余讀

之、而嘆其識之卓、學之精、議論之明通而正大也、蓋自漢唐以來、術士造爲神煞以紿我狄、後世因之、沿譌踵謬、遞相師傳、拘忌愈多、選擇愈難、非獨庸愚爲所欺、即賢智亦不免焉、誠如先生所云閻浮界中一大疑團也、得是書而辨正之、如冰消霧解、渙然豁然、不又爲閻浮界中一大快事乎、然則蔣氏此書、固為楊公之嫡派、而先生之表揚此書、詎不可謂蔣氏之功臣乎、先生之門人、羣謀付梓以公諸世、而先生猶若有歉然於心者、余曰、曷歉乎爾、曰、篇中多過激語、恐用之以取咎、余曰、噫嘻、當世之昏睡久矣、非大聲疾呼、何以醒習俗之痼病深矣、非重劑醫治、何以愈、先生於妄誕不經之說、痛斥而力闢之、非憤世也、欲救世也、正如喝當頭之棒、而使迷者醒、下頂門之鍼、而使病者愈、其造福于天下後世大矣、知我罪我、孔子不嘗言之乎、雖澈焉庸何傷、先生笑而頷之、遂書以弁諸簡端、

同治十三年歲次閼逢閹茂花朝前五
日同學愚弟何 袞拜撰

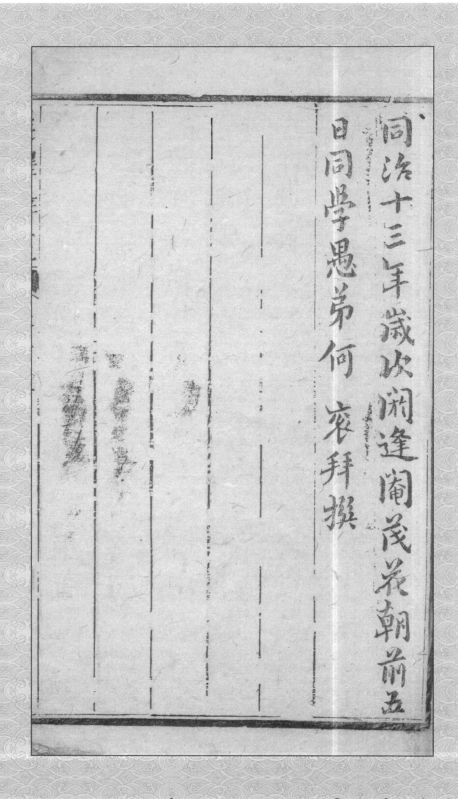

選擇辨正序

擇吉候星。始見於風詩。此聖人因天妙用也。青囊經之天光下臨。實本諸此。唐楊公筠松祖之。作造命訣。言候星特詳、其法遂備。宋元以降。造葬等書。謬偽雜出。幸以子平之法。竄入古人之書。造命訣遂為所壞。

國初蔣公中陽述其法。撰天元歌。直揭一渾

天寶照。為候星之正法。無如二百年來。解人難索。註者皆差。嗟夫、涉水迷津。鑿山罔道。余深慨焉。聞資中謝鄉癯先生。深知此訣。輯書數卷。發明天元。簽曰選擇辨正。學者數十人。候星法大著。心竊慕之。丙子冬。謁先生於資城。手出是書以授。退而讀之。如千巖競秀。萬壑爭奇。令人應接不暇。遂鈔錄以歸。雨夕風晨。玩索而深究之。旨哉有味乎其言之也。元鑰頻啓。靈關頓開。幾於前無古人。後無來者。非造化在宥力學深思。心知其意。固未易為淺見寡聞者道也。竊歎天元秘寶。埋沒人間。幾同瓦礫。今幸剖露於先生。先生上枕六籍。下沃百家。尤精天文歷數之學。故其書徵引宏富。剷

剖精嚴探造命之微。扶候星之秘。扃闢奥
啟。破月穿天。仍歸諸明白簡易。令讀者於
驚濤駭浪中。得珠宮貝闕。是謂神境。於戲、
以是為天下後世選擇法。近古以來。未嘗
有也。歎觀止矣。豈不盛哉。昔子房受書於
黃石。為一代佐命之臣。今臣受書於先生。
造萬世生民之福。孰愈孰賢。敢以質之氏

受先生之書者
光緒三年歲次丁丑二月既望仁壽後學
允中王蓋臣謹序

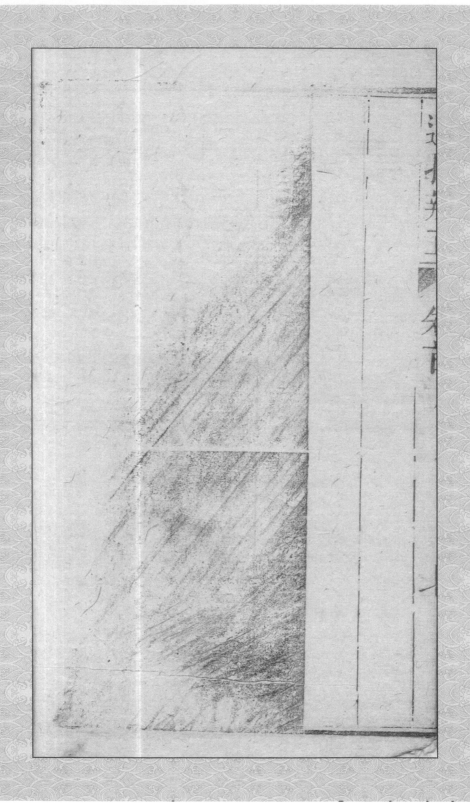

選擇辨正目錄

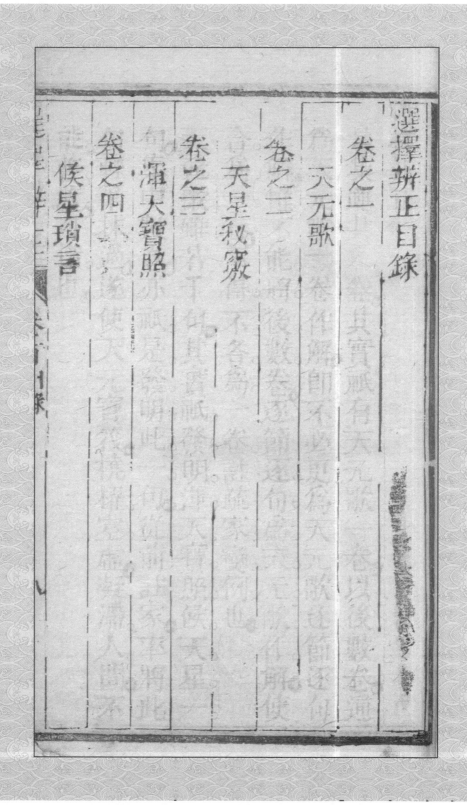

選擇新正下集

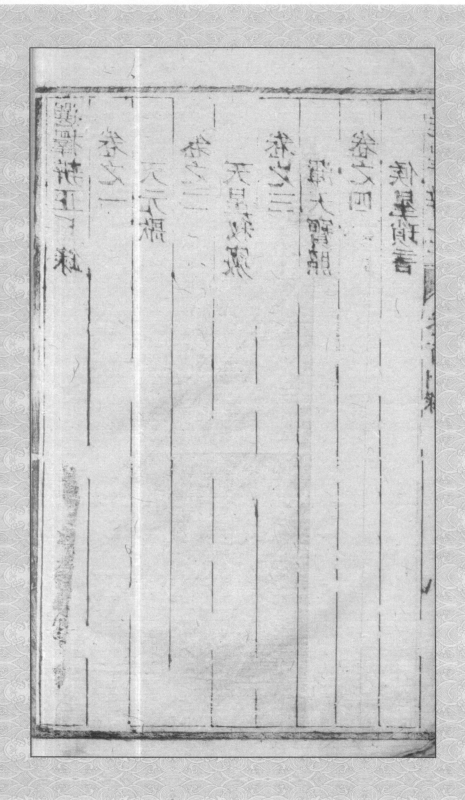

選擇辨正例言

是集雖共八卷。其實祇有天元歌一卷。以後數卷通爲天元歌一卷作解。卽不必更爲天元歌逐節逐句作解。惟不能將後數卷逐節逐句爲天元歌作解使合爲一卷。不得不各爲一卷。註疏家變例也。

天元歌雖若干句。其實祇發明渾天寶照候天星一句。集中數卷。亦祇是發明此一句。從前註家率將此句輕筆抹過。遂使天元寶筏橈櫂。空虛凝滯。人間不能。普渡。可惜也。

天元歌雖是發明渾天寶照候天星一句但渾天寶照是如何作法天星是如何候法歌中卻未明言幸廿氏於三百年前早探其秘秘竅一卷爲天星活圖輯實爲渾天寶照輯也

渾天寶照不但是楊公舊法亦不但是天官舊法直是舜典中璿璣玉衡舊法也學者欲手分天章爲人造福非晰此不可

自靑囊葬書後言候星者不下數十家其法至今未著者以辭多渾括也瑣言一册豈好爲聒聒哉發所

未發。以告同人。期與。共白。也。

渾天寶照所候之天星。七政也。四餘也。造福者也。設過變。氣。希福者轉而得禍。非逆天者。咎乎。特辨。災祥。以示。趨避。敬順昊天也。

朝廷設立欽天監。推詳七政四餘。製造歷書。原為。天下。造。福。也。世俗轉以謬說爲疑。懼不敢用。因輯定法。著千。條。使知伏逆遲留。非星之變。也。

舉世用干支獨造命訣。不用干支。舉世言神煞。獨造命。訣。不。言神煞。其所以不用不言之故。天元歌亦未明言七八兩卷。確切言之。祛惑也。是集祇告同人。非敢問世也。因學友輩羣謀付梓。以免傳寫之勞。遂勉徇其意。幸博雅君子。匡其未逮。使大元之法。大著。生民蒙福。景運加隆。甚幸。

綠蔭山房謹識

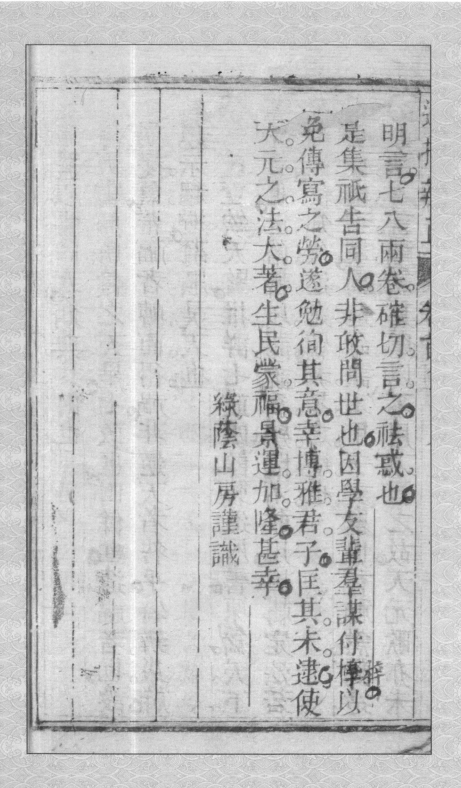

選擇辨正卷之一

天元歌　蔣平階大鴻著　一園主人輯

天元選擇章即劉勰新論所謂敬順昊天歷象日月星辰範三光之度隨四時之運知五行之性通八風之情以厚生民以輔政治者也特輯之以正術數禁忌之謬前四章則不贅從選擇也

地利天時古聖言。堪輿二字義相連。淚說江南無大地。但取年月日時利。眞龍大地遍江南。也要天時一力添。初年禍福天時驗。歲久方知地有權。

此節言天時雖不及地氣亦司初年禍福故二者皆當兼重。

天時者天星照臨之時也言此時天上吉星適照地下此山巒采流光毓成佳氣一切內外吉凶諸事動作咸吉故唐書言詩人記婚禮土功必候天星（如三星在戶定之方中是也即新論所謂敬順昊天以厚生民以輔政治此聖人因天定制絕大作用也即爲萬世選擇家並無上等法。）周語言武王伐殷月在房駟日在析木之津辰在斗柄星在天黿謂日月星辰會成吉局適照周營即乘此時出師故謂之天時後世誤以日辰

之甲子訓天時堪輿家遂混入干支不知有天時說
文堪爲天道輿爲地道韻會堪輿天地總名也古以
堪輿二字稱造葬之術其義可知
諸家尅擇最紛紜拘執多端誤煞人此家言吉彼家凶
對盡諸書總不同五載三年鐲一吉萬般福曜總成空
古來天子七月葬士庶逾月禮不曠年月何曾有廢興
日時未許論孤旺春秋葬日滿經書但辨剛柔內外宜
禘竈梓慎俱博物豈昧陰陽誤萬機諸家選擇最荒唐
斗首元辰失主張奇遁演禽皆倒亂不經神授漫猜詳

此節歷辨諸家選擇之非

唐書呂才傳貞觀初上病陰陽家所傳書多謬偽淺惡命才刪落煩訛掇其可用者為五十三篇其葬篇曰春秋王者七日而殯七月而葬諸侯五日而殯五月而葬大夫三月士庶逾月此葬有定期不擇年與月也又丁巳葬定公今法巳亥日用葬最凶春秋是日葬者二十餘族此葬不擇日也鄭子產及子太叔葬簡公不問時之得失惟論人事可否此葬不擇時也五種秘竅言選擇款內三百餘家惟楊公選用天

星照臨坐向法極爲得理其餘種種神煞皆杳無根據通不足信要卽劉總新論所斥爲薄者也世世之業此者掄掌飛宮八無葬日致死者淺殯空山風侵雨蝕不得以入土爲安百節成枯九原抱恨豈故爲其薄哉鬼神時日之說惑之也

世人尅擇重干支生命亡命苦相持致使子孫冲犯衆多年不葬孝心違豈知死者已無命反氣入地爲復命復命能回造化權死者命從生者定古有仙人造命訣不是干支平法渾天寶照候天星此是楊公親口訣

不忌三煞太歲神陰符室七俱抹煞年克命壓有何妨
退氣金神皆亂法天元一卷烏兎經留與人間作寶筏
此節言歸重大星可廢一切神煞拘忌之謬
渾天寶照候星之器也有天地兩盤中以線貫作紐
令天盤得旋轉運動地盤具二十四山其十二支即
一日十二時天盤繪三垣列宿諸星外圍析十二宮
僉周天度數用時按宮歷認定七政四餘坐度將天
盤逐時旋轉看日月五星某時轉到地盤某山合格
成局則天上日月五星之精光亦恰照到地下此山

即檢此時用之俾死者稟受陽光復生吉命一切神煞總屬荒唐縱墟墓之間積陰所伏得此陽光燭照立就消除此楊公天上星辰照地支舊法也

推原天地混沌成　惟有日月是眞精
金烏玉兎本一物　五星四炁從此生
人生稟受太陽氣　萬物皆是陰陽萌
聖人觀象演歷法　干支甲子作天經
五行俱是陽中氣　神煞何曾別有名
只將日月司元化　萬象森羅在此心

此節言造命天星以日月爲主

神煞者二氣之靈也天地間無處無氣即無處無鬼

神日月星辰風雲雷雨天之氣即天之神宰之者惟理天理備於人事天心視乎人心一念合理百神歸向一念背理羣鬼揶揄陟降鑒觀屋漏指視何在非神亦何在非煞天地之神莫大乎日月陰陽之用莫妙於五星造命法即候其會成吉局到山照穴起死者藉此精氣以返元陽絕不拘執干支以論五行以談生克以推神煞孫景堂寶鑑篇云後裔光宗歸功於陰地亡人復命取效於陽星故擇日不重干支而選時必歸星象也

世間萬物各有命。不但生人男女定。造物製器可用推。
修造葬埋咸取證。日月五星大象同。一時八刻一移宮。
造命元機時作主。毫釐千里不相通。

此節言萬事萬物各有命。而其機在時。

命卽天道之流行而賦於物者。陰陽也。五行也。流行
者也。天以此流行者賦物。物稟此流行者爲命。不但
生人生物有命。卽造物製器修造葬埋。亦莫不有命。
命者何。卽此時此刻所感於陰陽五行之氣也。白虎
通五行者。五星也。行者。言其爲天行氣也。劉熙釋名。
五行者。五氣也。五星各其一氣。於其方各施行也。日

月五星陰陽五行之氣之精也古人擇吉卽候其在何宮度成何格局到何山方精氣成采靈光吐芒乘此良時用以造葬故曰造命也

先將晝夜別陰陽晝夜晨昏出沒詳十二宮中三十度大約六度是分疆盈縮按時毫末細量天廣尺未能量

此節言用日月宜詳晝夜出沒

渾天說天度三百六十半覆地上半在地下地下卽西北正北東北之地下卯酉爲日月門戸七政之行恆自東而南而西卽入於地而不見故風水一書論

太陽夏自卯乙至庚酉十三山冬自乙辰至申庚十一山俱從晝論用坐下之時則太陽到山冬自酉辛至甲卯十三山夏自辛戌至寅甲十一山俱從夜論用向上之時則太陽到向卯酉二山春分後山向俱到秋分後山向俱不到。此晝夜出入之辨即冬夏盈縮之分

二十八宿七政明論宮論度要平分深則論宮淺論度一分一秒不容情命入躔宮變五氣日月隨命分五行五曜四餘扶日月生剋衰旺準天秤最取用星爲福晡有忌有用作干城用若專權爲上格忌星一雜福斯輕

此節言十二宮分度躔命五行而歸重於恩用
用星即下節所云冬用火羅夏用水孛春用金土秋
用木炁謂四時所用之星故曰用星生用之星爲恩
春之火羅土計夏之金星秋之水孛冬之木炁皆是
當令極旺之星爲難春木夏火秋金冬水即難也恩
用宜取到山到向到方難則宜避有制克恩用之星
不能避去者通謂之忌孫景堂寶鑑篇水火福澤之
基宜分冬夏金木德刑之本務判春秋水輔陽光冬
令無立錐之地火隨日影夏時有囘祿之災歲星所

在爲禎。當春生則反爲咎。太白所臨爲德，若秋殺則

轉爲刑。集中引寶鑑篇多與坊本小異。從靈犀改本也。

用曜一星落何處，陽時陰候分邊際。冬夏二至陰陽極，

春秋兩分是平氣。平氣陰陽用可兼。猶看晝夜與宮垣。

畧過平氣陰陽別。當極之時福力專。陽令惟用金孛水。

陰令惟用羅與火。秋本獨宜水兼孛。春土火羅金計土。

春在分後須陰助。秋在分後宜陽輔。

此節論四時恩用正法。

四時之氣，春夏爲陽，秋冬爲陰。夏令陽極之時。木孛

為用金為恩冬令極陰之時火羅為用木炁為恩秋用木炁水孛為恩春則分前用土火羅為恩分後用金土計為恩春分後陽氣日盛宜助以木秋分後陰氣日盛宜輔以火二分平氣則兼用水火月星與時令相背者正其調元化變陰陽奪神功改天命之絕妙作用也陽令金流石爍火氣偏盛必藉水以濟之陰令地凍天寒水氣偏盛必藉火以溫之而後二氣得其平五行適其用秋之用木春之用土用金莫非此意即大易既濟歸妹之象也故曰識得五行顛倒

顛便是大羅仙歌中明明作天仙化人語其如凡胎俗骨多不能化何

宮辰星體兩兼收度前度後要深求尤向五星探伏現逆來順去並遲留三方合照緊相隨同宮隔宮一例推拱夾有情權力大日月交受格尤奇

此節言恩用諸格正變之法星家喜談格局此以拱夾合三格盡之如冬至令作午山天盤火星到地盤午方木星到寅紫氣到戌是恩星與福星三合為三方合照若木星在丙紫氣在丁

選僞宮夾照若木在巳炁在未木在辰炁在申爲隔宮夾照恩用到午爲坐照在子爲對照若在丑亥兩宮卽爲拱照或在卯酉則爲橫天交氣二十四山做此旣取恩用照山又得太陰太陽或對或坐或拱夾合照其格尤奇惺菴雜記言蔣公十月作子山本日太陽氐四度太陰井十四度火在斗十度羅星胃三度用辰時正初刻火星到寅羅星到戌隔一宮夾照子山太陽到　知太陰到申又三合照山故吉此卽周書所謂天休陽以征誅之鉅猶必俟此則造葬之足

以發福可知

身當旺令不須恩但憑用曜作根源平令獨恩難發達
衰時得用尚無愆以恩爲用眞至寶以難爲用多顛倒
以恩爲忌壽而貧以難爲忌身不保

此節論恩用難忌之法

恩用難忌四字久爲俗註誤解如以子丑二宮屬土
火爲恩金爲用木爲忌水爲難寅亥二宮屬木水爲
恩火爲用金爲忌土爲難十二宮皆如此例是本之
六合五行也不知六合者以日躔月建之辰次言之

月建在子日躔在丑月建在丑日躔在子建寅則在亥建亥則在寅日躔所在合朔因之故曰子丑合寅亥合並卯戌辰酉巳申午未謂之六合十二宮書土木火金水字擴者躔建之暗號也午未書日月者明其爲日躔月建言之也術家以五行傅會之巳屬大謬茲復據以談天星既屬之天盤十二宮又屬之地盤十二山並屬之人生十二命謬以踵謬訛以承訛宜其用之不靈轉咎干支神煞作梗也

本宮端的管初年宮若不純須舍旃必取宮身俱妙合。

長安花滿任揚鞭。

此節言宮身並重之法。

舊說日月五星行十二宮有得地不得地寶鑑篇云紫微奎宿顯秀絕倫少微文昌英明邁俗逢木火於天市金穴齊誇會金水於太微玉堂競美月華昴畢水火流瓜瓞之緜緜日宿心房木炁兆簪纓之濟濟劉蕡下第橫遭中土之烽莊子鼓盆坐受西金之制倘用星得地雖水浮魯境抱北海之鴻才若吉曜相隨縱木打寶瓶等商山之上壽註云須看天盤此時

此刻日月五星在何宮何度到山到向拱夾合照乘
此真時坐向登穴後生吉命福蔭後昆此乃活潑之
陰陽故能毓秀鍾靈也寶鑑篇於天元妙理固多所發明此段微涉星家推命語尚非造命真詮

就中暗曜最難知空地翻成寶地司寅戌兩宮光在午
亥丑二曜孛中依更有橫天炁氣法寅申有曜亥中恩
巳丑卯宮亥未酉短長多寡度中移
此節論暗曜變格並炁氣法
暗曜以他宮之星暗照本宮也如午宮無星寅戌兩

宮有吉星其光卽合照午宮子宮無星亥丑兩宮有吉星其光卽夾照子宮若亥宮坐穴寅申二宮有吉曜分居卽橫天交氣貫注亥宮卯宮坐穴巳丑兩宮有吉曜酉宮坐穴亥未兩宮有吉曜俱隔一宮夾照在向上兩旁者俱爲拱照餘倣此如蔣公十月作子山一局坐向皆空惟火羅在寅戌夾照日月在辰申合照空地翻成實地卽暗曜也

果老星宗此的傳星書卷卷失眞詮諸般格局皆虛假升殿入垣莫挂牽

此節辨星書諸格之謬

升殿入垣術數謬法也升殿謂天盤角一度與地盤角一度相對入垣謂行到本宮如角亢到辰氐房心到卯之類按演禽法以角亢屬辰氐房心屬卯此當是漢時天象以歲差考之堯時亢在巳房心在辰今則亢在卯房心在寅較漢時已差半次較堯時且差兩宮是列宿在天本無定處安得死執漢時天象以爲列宿本宮乎即使此爲本宮亦係在天之辰宮卯宮與地之辰方卯方無涉又安得以天上辰宮卯宮

之舊宿行到地之辰方卯方爲六垣而吉乎此理之
必不可通也升殿之謬畧與此同
月逢晦朔皆爲福何必蟾光三五圓但忌陰陽相薄蝕
七日之內勿爭先太白晝現經天日難忌洪災恩大權
此節論晦朔薄蝕經天宜忌
星家皆以日月同宮爲晦又以月光盡晦時不宜用
月不知月光盡晦時正日月同宮時月雖無光月固
無恙故亦能爲福惟日月薄蝕及前後各三日皆不
宜用寶鑑篇此時日食偶逢會見蒸嘗莫保若値蟾

光被掩倚看熒獨亡家故日月食時百事不宜惟理名隱迹脫難潛逃則宜用此若太白晝現及經天逆行是氣之偏而過於盛者也爲用爲恩權力極大爲難爲忌禍不可言五星退逆皆然不獨太白也其退也其進也歷家以五星之進爲退五星自以歷家之退爲進也

日魂月魄命之根五德五星應五倫掌握乾坤惟此理
璿璣經緯治斯民劉公昔日精天象建國行師婦大荒
無奈歷官多失學增添宜忌漫乎昔大元秘寶今朝啟

留與羲和佐盛唐

此節推原造命法本於天官。明史劉基傳基精天文歷數之學佐太祖定天下上病陰陽造葬等書多不的確詔天下將諸般雜書皆赴送所在官司燒燬惟將七政臺歷頒行天下永爲遵守此議實劉公等贊成之後之歷官復增添宜忌訛謬較甚於從前蔣公特著此歌秘寶盡啟學者苟精其義將參贊化育燮理陰陽不惟步武劉公行與羲和比烈矣篇終極言天元大作用不徒爲選擇造葬巳也。

雲陽五曲號天元雖屬人為實至言。普願智愚咸領悟。
故將俚句廣流傳。一句一聯包數義。通之便是地行仙。
其中奧旨須尋味。慎勿差訛累後賢。

此節總結五章。

近日造葬家。漸識干支神煞之謬。競用天星。將七政四餘。按宮歷書於縱橫界畫之十二宮。視命宮所在。取吉星照之。此星家推命法也。自知與所作之山無涉。遂於所作之山之宮取之。作午山。即取午宮。不知山在地宮在天天之午非地之午天包地外旋轉不已所取天上午宮之星仍與地下所作之午山無涉病在不知有天地兩盤當以天盤成局之星照地盤所作之山也又有某書前載天元歌直將選擇章削去後作烏兎經一卷又全以此歌爲粉本竄易其辭攘爲己有歌訣尤鄙俚不堪烏程凌厚堂誚其佛頭著糞不誣也其法不遵曆書但以前月下旬之卯日爲起例將七政四餘挨次布於十二宮掌訣之間差訛至此後賢毋爲所累

天元候星法即青囊經中卷用法也青囊中卷古文作天官篇固知是言天時非僅言地理也如謂天有五星地有五行天分星宿地列山川氣行於地形麗於天因形察氣以立人紀此選擇大綱也蓋兩間不過陰陽二氣善葬者亦不過乘此陰陽二氣而承之爲生氣聚之爲旺氣鍾之爲靈氣毓之爲秀氣故曰葬者反氣入地也夫陰陽之眞氣在天爲星辰在地爲河嶽聖人因其形以察其氣或察之於山川或察之於星宿招之攝之翕之聚之因而葬之星辰啟瑞

山嶽降神人紀遂由是立焉選擇之必候天星者以此故卽示人觀象之法曰紫微天極太一之御君臨四正南面而治天市東宮少微西掖太微南垣旁照四極四七爲經五德爲緯運斡坤輿垂光乾紀七政樞機流通終始言天行以垣以正四方又有二十八宿以爲之經有五星以爲之緯光垂乾紀氣運坤輿者七政爲大卽有北斗七星以爲之樞機其流通終始皆有形可見有象可求渾天寶照之天盤繪此者也其用之之法則曰天光下臨地德上載陰用陽朝

陽用陰應陰陽相見福祿永貞陰陽相乘禍咎踵門天之所臨地之所盛形止氣蓄萬物化生氣感而應鬼福及人言眞氣在地渾渾淪淪無所謂生亦無所謂育必得日月五星之精光下臨始有所涵濡有所絪緼有所包孕而生育可期陰用陽朝陽用陰應即陰令用陽星陽令用陰星蓋必陰見陽陽見陰二氣相濟穴中得冲和之氣而後福祿永貞若陰復用陰陽復用陽是謂相乘禍咎立至矣故天光所臨之處即地德所盛之處形於是乎止氣於是乎蓄萬物搆

此倘有生生化化之機人爲萬物之靈骨殖得此眞氣以養之靈秀豈無以應之雖在死骨必能福及生人葬書曰本骸得氣遺體受廕此自然之理亦自然之驗也故極贊其妙以結之曰是故天有象地有形上下相須而成一體此之謂化機化機者造化之機也星宿之在天成象山川之在地成形皆氣也一上一下彼此相須兩體合成一體即陰陽交姤之妙人能識此交姤之在何時何處而乘其氣以葬之是即葬乎天地之交是即葬乎天地之交之中奪神功改

天命控制造化掌握乾坤端由於此故謂之化機此選擇之至精至審至微至妙天元候星法全祖此篇原註謂造命訣本於天官郎本此天官篇也後世寖失其傳選擇者惟干支神煞是務將天官妙義置若罔聞雖無人不讀青囊竟無一人能用青囊此讀書者不求甚解之過也予不忍秘要失傳因顯揭其法於此以質世之善讀青囊者

選擇辨正卷之二

天星秘竅　甘霖時望著　一園主人辨

此五種秘竅之一種也。所謂天星活圖，即楊公渾天寶照。此特點繪天文全圖耳。惜其書多牽掣於年命山方等種種謬法。習俗囿人，賢者不免。有如此茲，惟摘錄其候星之法若干條，餘則概從删節，懼亂真也。

星歷言天之運行不可知，觀星斗則可知。天之行度不可測，以七政所經之度多少濶狹傚例則之則可測古人仰觀天象以驗人事擬太陽為人君之象太陰為母后之象其所照臨臣民莫不被其福澤其次則當究乎五星四餘之流行考諸歷書雖將七政四餘刻載首篇但言其大畧人莫知其所以用茲將分度活法選用捷訣註明皆天星家所秘者謂之秘竅

集中各條多所節删亦小有竄易或其中理有未協法有未合辭有未順者不妨畧為校讐俾歸於正云使遵行非截趾適履也

凡用天星以寻校定周天宫度製造天地二盤天星

圖用羅經準定子午使方位山向不差以候時刻天星之所到每日查看宮歷七政四餘某星輪坐某度以天盤太陽所坐之度加於地盤某時刻則知某星到某山向即取吉星所到處用之夜則看其日天盤太陽坐某宿某度加在地盤某時刻上則天上諸星與圖間諸星一樣相對不差即可知日間所測者不爽天元歌渾天寶照候天星法亦如此即楊公造命訣用法也

天星派圖一如渾天寶照式此則天盤中有四維八干地盤外有三百六十度不知天盤止有十二宮盈

無四維八干地盤止有二十四山並無三百六十度。以三百六十爲地盤坐度理亦可通但不可以列宿紀之以地下本無二十八宿也

天盤三百六十度太陽日行一度每年交立春一日太陽輪坐女四度（原本係虛一度）須看某時某刻交交後十五日行過十五度又交雨水一日太陽輪坐虛八度（原本係危六度）如此三十日行一節一炁太陽三十日亦過一宮天上經緯諸星皆隨太陽運轉地盤坐度則不與之俱轉此天動地靜之道也

周天十二宮太陽三十日過一宮此云日其運行於天若照臨地之方位則一日一周一時即過一宮天元歌所謂日月五星大象同一時入刻一移宮者是也選用天星當以一時過一宮到地之方位爲是若天盤過宮特推步之標準爾○集中所載入宮宿度已與今法不合甘公爲前明萬曆間人彼時冬至日躔箕四度迄今垂三百年已差四度餘且舊法三百六十五度二十五分今僅用三百六十度列宿分占宮度多少濶狹又各不同舊本星圖宿度多與今之天

象不相脗合者以非現在歲差也集中凡八炁宿度皆依今法改正免滋學者之疑

太陽過宮法冬至箕初度到艮進丑宮大寒斗二十一度到癸進子宮雨水危八度到壬進亥宮春分室八度到乾進戌宮穀雨奎九度到辛進酉宮小滿昴二度到庚進申宮夏至參六度到坤進未宮大暑井二十六度到丁進午宮處暑星四度到丙進巳宮秋分翼七度到巽進辰宮霜降角七度到乙進卯宮小雪氐十六度到甲進寅宮

宿度皆依今法改正

或曰吾子以今日之法竄入古人之書在古人固未知有今日之法也吾子其謂古人何曰是正所以扶翼古人也古人立法原欲適天下後世之用至星移度換法已不通忽有人爲之校正爲之修改以適其用於無窮在古人固已大快也又何嫌於竄易其書乎且如今時冬至日躔箕初度再二百餘年將在尾十二三度今日之法又不可通使後人不知校正修改徒置之曰是不可用吾子其謂後人何凡著書立說誠使天下後世有能修之改之校正而遵用之以

傳我之此書於勿替是固我之所深望於後人者也
於古人又何間乎容曰諾

太陽躔次過宮交節然到艮到癸到壬到乾一日輪坐一度即一日行一度也如冬至太陽坐箕初度次日坐箕一度三日坐箕二度每日輪坐一度即一年躔次一周天又如今日坐定一度十二時隨天左旋一周爲一日明日又過一度十二時又旋一周爲一日雖正月到亥二月到戌而日日換度刻刻輪度卻是圓活非一月內永定坐亥坐戌日時不循環流轉也

所謂到艮到癸到壬到乾乃太陽躔次行到天之艮癸壬乾宮度與地之艮癸壬乾方位了無干涉世俗誤以天之艮癸壬乾混作地之艮癸壬乾見古有太陽過宮法遂謂冬至太陽到艮宜作艮山艮向雨水太陽到壬宜作壬山壬向不知天盤鎮日旋轉安得以天上躔度之艮壬求之地下方位之艮壬況日躔在天止有星紀元枵娵訾等十二次並無所謂艮癸壬乾之四維八干耶

楊公筠松專以七政太陽爲人造福取驗極速其詩訣

云常將歷數考諸天天上星辰萬萬千纔到五更星漸沒惟有陽烏亙古全又云請君便把太陽照茅屋光輝億萬年此專用太陽出地取其精光照臨坐向方隅爲造福之主總宜在初出地時得其精光燭照更能降服諸煞

楊公取太陽之光照穴造福極速者爲其得天地之氣之精也朱子論日有云氣行滿天地之中然氣須有精處故其見如輪如餅氣行到寅則寅上有光到死則卯上有光氣充塞無所不到若得此意思便知

得生物之理精光照穴便是得此意思便是知得生物之理蓋乘其精氣行到此處此處有光時便於此處用葬是攝天之精氣以入地中卽蓄地之生氣以返元陽深得造物生生之理藉天地之菁華發山川之靈秀感氣福人莫大乎此

用太陽必以時爲準如大寒後三日天盤太陽坐斗二十三度出卯正三刻十三分行到地盤乙方出地纔有精光燭照此理甚明陽烏一出普照萬方若坐向金度適得此時太陽正照謂之合朔藏辰今人不明此理只

待日躔所到宮辰之方位動作如冬至到艮雨水到王之類多有刺謬予得秘授以太陽出沒之時爲趨避之主特爲表出用破羣迷

按青田直指太陽臨四維用四維時臨八干用八干時此言太陽照臨於地之四維八干方位也故曰一日只一時令人誤以在天之躔次取之謂二至二分日躔臨四維宜用艮巽坤乾時雨水小滿處暑小雪日躔臨陽干宜用甲庚丙壬時大寒穀雨大暑霜降日躔臨陰干宜用乙辛丁癸時以爲本之青田不知

四維八干在地盤不在天盤設在天盤一歲只一日何云一日一時也風水一書云太陽十二時週地二十四山地係子山午向此日只午時太陽到向先一時則太陽在巳後一時則太陽在未地係艮山坤向必未時未刻申時初刻太陽到向先則在未後則在申所謂一日只一時也每日二十四山皆可用太陽地係乙山即候乙時太陽便到乙地係丁山即候丁時太陽便到丁到丁便對照癸向到乙便對照辛向照向照山一時兩用

太陰繼明者也。月本無光。借日之光以爲光。月在日先。向明而漸圓。月在日後。背明而漸缺。每月初三。去日約四十餘度。與太陽如兩鏡斜照。月受日二三分。受光斜映。故月生二三分明。逐日漸與日遠。十有餘度。如初九初十。受太陽六七分斜光映照。月又生六七分明。至十五日。與太陽雖相去一百八十度。卻如兩鏡迎對。得太陽正照。而精光圓滿。是爲對望。如坐向金度。適得此時。太陰照臨。太陽暗助。併工急完。發福尤速。

前論太陽。必取初出地時。此論太陰。則取正圓滿時。。

一不知日月爲諸福之首隨時皆可用卽隨時皆可發
福不必拘定初出地時用太陽正圓滿時用太陰也
所謂出地者謂當於旣出地後貞明在天時用之不
當於未出地及已入地時用之然取對望之太陰照
臨亦取已沒之太陽暗助是白在地下者未嘗不用
則月在晦朔者何不可用天元歌言月逢晦朔皆爲
福何必蟾光三五圓法更活潑
凡擇吉雖得日月照臨之時若不究五星四餘之吉凶
亦不能全善故天機素書必以五星四餘爲主初不拘

太陰太陽也若得日月到山方又得五星四餘之吉同到山方則善矣但世俗罕得其傳鮮能知此

日月爲陰陽之眞精太陽木火成質陽之中未嘗無陰太陰金水爲神陰之中未嘗無陽以其備陰陽之全氣故精光燭照四序咸宜若五星則各具一氣各擅一時爲用爲恩發福較日月尤勝者其力專也七政流行天地以此賦物聖人以此造福專用日月固不是專用五星亦未必盡是固宜並取兼收始臻完善斯道固少傳人果造福心切好學深思思之不迺

鬼神將告之

青囊經言天光下臨天光卽日月星三光也晝則日麗於天夜則月代之明無月則星繼之以明故三光照臨之處吉凶禍福捷於影響且三光明明在上可測可觀開眼卽見無俟深求經曰三光齊到百福駢臻故修造葬埋必取天星吉宿照臨坐向所謂天光下臨地德上載隨天而行凝地而應者此也

天光卽是三光天本無光藉日月星之光以爲光故日出而明日入而晦夜無星月則暗固知天之光卽

三光之光也近有以天光論地者謂某處山水甚佳又得一點天光落於其處葬之當吉或言某山雖未結穴卻有一點天陽落於某處葬之亦吉不知天以三光之光爲光除卻日月星安得別有昭昭之一點落於其處地之上卽天凡天皆陽天陽充塞兩間無處不到安得獨有一點天陽落於某處乎良由誤認天光下臨是相地妙訣故爲是捕風捉影之說以自欺欺人庸庸者喜其說之新奇以爲本之青囊也遂甘受其欺而信之於是竟有盡棄其所學之地學而

談天光天陽者。

造福莫大於天星。必精研歷法。以推算其交宮過度。方爲不爽。要以日躔爲主。按節氣日時。取某星度。加於坐向方隅。爲天星蓋照。百事吉祥。

學者欲知歷法。務將渾天寳照天地兩盤。逐層細玩。知得地盤十二長。即今之十二時。時析幾刻。刻析幾分。一日共得若干刻。若干分。天盤十二宮。宮各若干度。度各若干分。二十八宿各占若干度。若干分。太陽行黃道。每節氣交宮過度。當在幾度幾分。太陰五星出入黃道南北各得若干度若干分。必先將此等處。一一熟悉於胸。然後以冬夏盈縮求太陽以朔望遲疾求太陰以順逆遲留衡合求五星視日月一周五星一合各得若干日若干度若干分四餘每歲當行若干度若干分必如此硏求璇璣在握星宿羅胸斯許其檢擇七政四餘爲人造福

星曜之占有入垣有升殿入垣謂行到本宮如角亢到辰氐房心到卯之類升殿如天盤角一度與地盤角一度相對天盤亢一度與地盤亢一度相對謂之天地合

德若此時此刻適得七政四餘諸吉到坐向金度造葬並吉

入垣升殿當是五星不是列宿如星經言熒惑爲執法之星常以十月入太微垣受制是也蓋卯辰二宫在三垣界內比之王畿五星入此成局猶督撫內用入掌權衡故較常尤吉升殿謂値帝座前猶輔相身登殿廷對揚王命故侯星法最重日月五星與帝星相値也若角亢到辰氐房心到卯及天盤角亢與地盤角亢相對不知有何垣可入何殿可升旣以此爲

吉何復借重七政四餘七政四餘果吉即不到辰不到卯不相對造葬何嘗不吉耶

選用五星四餘須要得時如春用木炁夏用火羅秋用金星冬用水孛四季月用土計是謂得令如遇遲留伏逆亦能爲禍

此條尤不可從當令極旺之星是謂離星依此選用是陽復用陽陰復用陰正青囊經所謂陰陽相乘禍咎踵門者也至謂遲留伏逆亦能爲禍尤非五星皆隨天左旋演歷者以退數爲進數其順而進也不及

乎天也其遲而留也及乎天者也其逆而退也氣之盛而過乎天者也伏而不見與日相近也是皆星度之常安能爲禍

用星必取其照臨山向然或吉星到此山向凶星亦到此山向亦或諸吉叢聚而此一山向竟不能取到嘗有此山此向數年不能遇一吉日者世俗不知其難每有極力爲彼選擇之期卻聽無知細人邪辭棄之不用反用庸師另擇其選擇款內共三百四十餘家種種神煞各執一見此是彼非要皆無根無據徒剏此極美極惡

之名以眩惑庸俗通不足信惟楊公選用天星照臨坐向法極爲得理茲畧舉數條爲擇吉之例

褚先生補史記日者列傳孝武帝時聚會占家問某日娶婦可乎五行家曰可堪輿家曰不可建除家曰不吉叢辰家曰大凶歷家曰小凶天人家曰小吉太乙家曰大吉其或可或否或吉或不吉皆各據所學自成一家言近世選擇諸書務矜淹博每輯諸家之書而備錄之其習者卽併諸家之說而合用之故往往合於此離於彼雖數十百年豈能遇一吉日哉倏

星之法或取恩用或取日月或取恆星或到山或到向或拱或夾或合或橫天交氣斷無數年不能遇一吉日之理世傳楊公爲人殯葬大都不出數日因其便於暑月利於窮民故美其名爲救貧郎褒其術爲造福用造命也

如十月作甲方山向用卯時初初刻本日木星在心五度太陽在心三度即將天盤心三度加於地盤卯初初刻五六分則天盤日星正到地盤甲上而天上之日與木星亦適到地之甲方照甲山甲向也

候星法甚佳但祇取一星與太陽同到山方用尚未
善且卯時初初刻日星皆未出地雖到甲方實伏於
地下不能上照甲山甲向也
如正月作子山用午時本日木星在虛初度太陽在虛
七度卽將天盤虛七度加在地盤午初三刻上則盤間
木星太陽正到午上而天上之日星亦適到午方對照
子山也
日在虛初已是立春二候木氣正旺之時復用木星
是以難爲用也不可從惟候星法恰在箇中

如八月修丑艮寅方月辰時本日火星在尾一度太陽在翼五度即將天盤翼五度加在地盤辰正二三刻則火星正到丑艮寅方五行惟火星最有生氣發福極速但一失檢點則立主火災不可不慎

寶鑑賦云火隨日影夏時有回祿之災蓋夏令陽氣偏盛再用火星是以陽乘陽陽氣愈熾火災立至矣惟秋分之後春分之前則宜用火

如亥山巳向欲取木星到山到向須以太陽定其時刻即將天盤太陽所坐之度加於地盤某時刻上看天盤

木星所坐之度於某時刻行到地盤亥方此爲到山於某時刻行到地盤巳方即爲到向此候星眞訣也楊公云天上星辰照地支用元宮主好詳推即謂此也

以上數則深得楊公候星之秘第其用法未造天星之極緑此公於諸家尅擇之書採取極博故其爲書遂如萬里黄河泥沙並下雖此卷爲沙中之金然亦多喋喋於年命山方及命主化曜等種種俗說雖能候天星實未能用天星干支錮之也學者當以天元歌正之

予以嗜山水故因托之地學以窮其游覽之趣然素不喜魁擇家以年月日時之干支推論神煞雜學地數年初不敢爲人擇一葬日以理不可信也道光戊戌從周方泉先生受玄空運世法先生言五種秘竅有天星活圖候星法可袪世俗一切之謬亟覓此書日夕研究因將天星活圖摹臨十數遍小有會悟遂以天地兩盤分繪爲二貫線作紐天盤遂得旋轉運動晝以日度加時懸綫取影可定刻分黃昏以日度加時尋求斗柄可知月建且星月所到之方位與盤

間之方位分寸不差乃恍然於古人擇吉能以七政四餘爲人造福者特有此法天之器推測不爽也既及於靈犀子處得渾天寶照法活圖與寶照一而二二而實一雖用法不及天元之理爲更勝其論說詳盡實便初學入門故特輯此編附於天元歌後而倚星一法尤足發天元之所未發云

選擇辨正卷之三

渾天寶照

一國士人輯

渾天寶照。候星舊法也。自傳書者不傳訣。遂使珠星石隕。寶鑑塵封。予自得此圖。花前月下。旋轉推移。眞有掌握乾坤。手摘星辰之樂。茲特許述其法。俾學者知天元秘寶。猶在人間。古人能藉日月星辰爲人造福者。恃此也。

渾天寶照圖　渾天有名可紀之星。見於天文諸書者。二百九十餘座。茲僅及三垣列宿者。未於天官也。學者欲窺全體。當參看天文全圖。及星經諸書。無挾此自隘也。

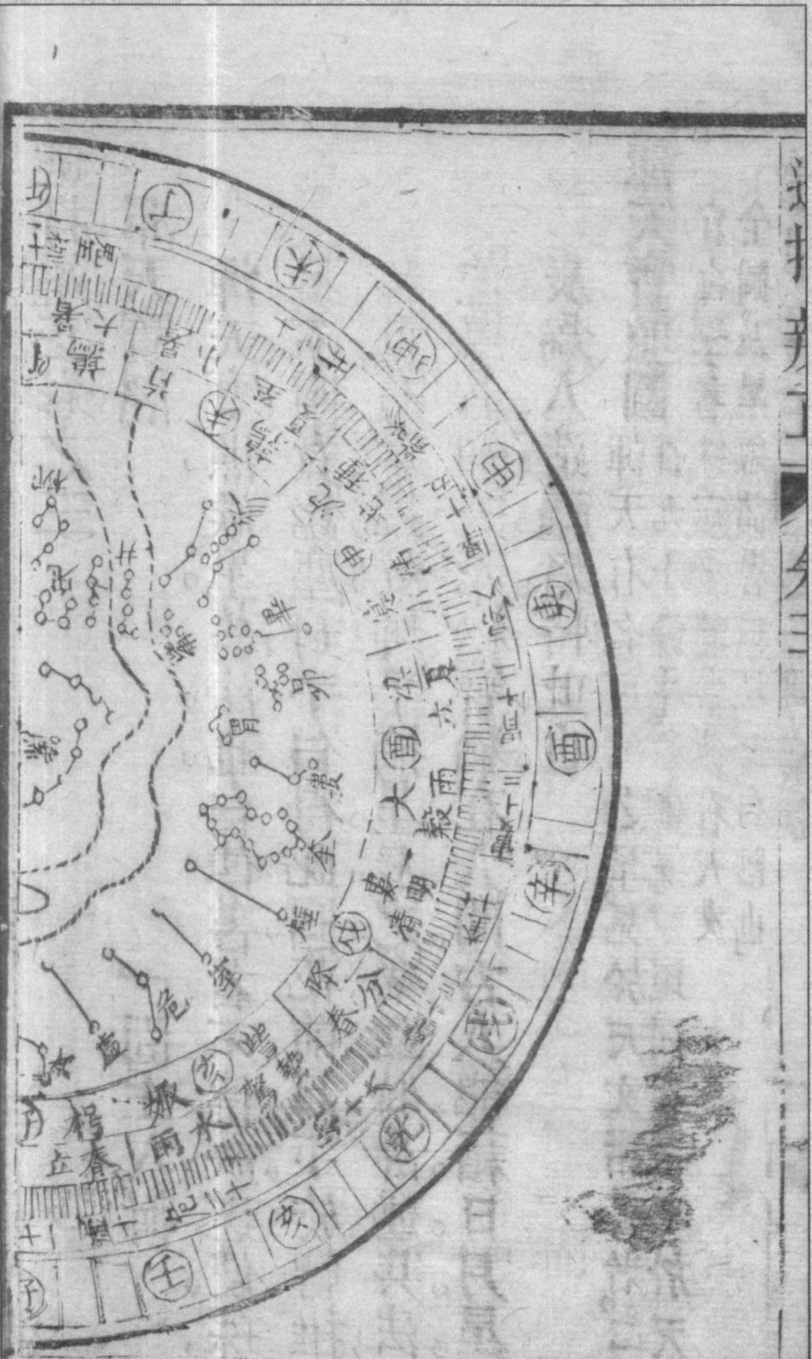

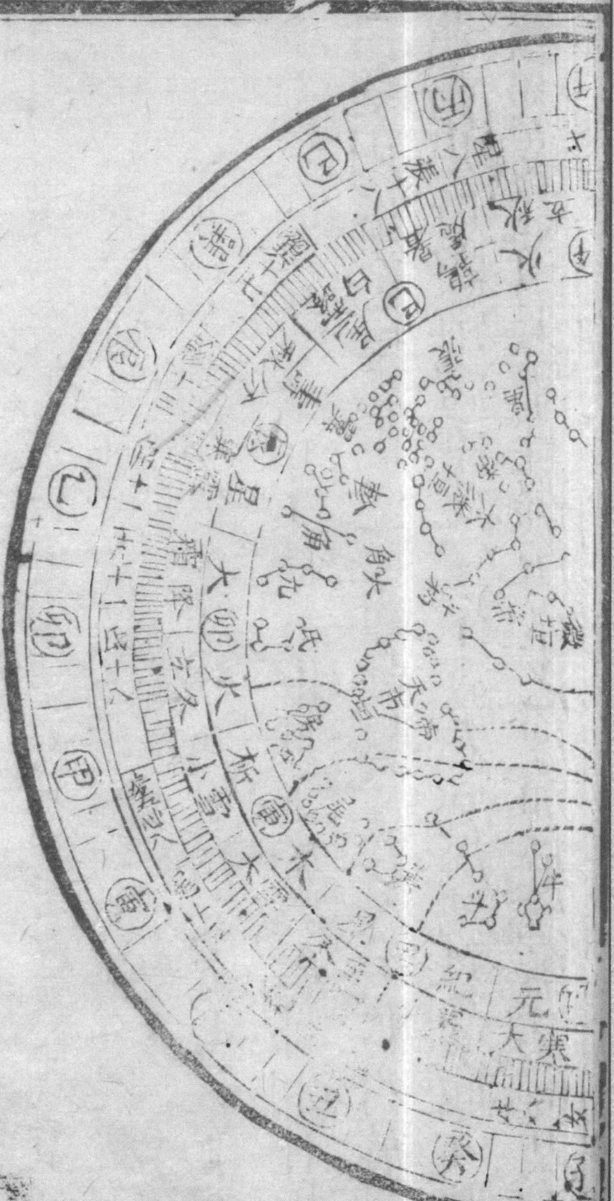

渾天寶照。古渾儀遺製也。渾儀以七曜恆星。析天為九重。最下一重為月輪天。二重水星天。三重金星天。四重日輪天。五重火星天。六重木星天。七重土星天。八重列宿天。九重宗動天。渾儀式宗動天為一大輪。自列宿至月輪以次居內而漸小。即朱子所謂大輪在外而轉急。小輪在內而轉慢者也。茲并宗動列宿為一重。七曜流行總歸三百六十度中。不另具重數。惟於天盤外。別作地盤。從兩盤交縫處。劃開中以綫貫作紐。令天盤得旋轉。運動用時。將地盤準定子午。查看宮歷此日某曜在某宿某度。即以天盤日躔所坐之度。加於地盤某時某刻

則此時天上經緯諸星宮度與盤間經緯諸星宮度一樣不差卽可據盤間各星位尋求天上各星尺幅之間可使天體瞭如指掌吉曜照臨卽於此選用

天動者也繪天爲圖動者不動來附於地盤不動者仍動纔爲之紐也世世有裝成一幅懸之壁間終日對坐莫則其端者以未會將天地剖開遂終身在混沌中也乃有天地旣分亦能轉動用之終涉蒙混者以誤將天盤列宿度參入地盤地盤四維八干參八天盤天盤之角亢混作地盤之角亢地盤之子午混作

天盤之子午遂致迷茫錯誤轇轕不清圖分之析之蕩之滌之廓清之功可媲神禹

地盤二十四山即歷家二十四時也今法一日止用十二時每時析作八刻其四維八干在十二時之初曰初初刻次初一刻次初二刻次初三刻爲上四刻其十二支之正中曰正初刻次正一刻次正二刻次正三刻爲下四刻一日共九十六刻刻析十五分分析十五秒秒析十五微微析十五纖古法一日萬分今法止一千四百四十分古之千分今之一百四十四分古之百分今之十四分六秒古之十分今之一分六秒九微古之一分今之二秒二微六纖凡古纖

策曰策、必以此準折之今方可用。

天包地外地處天中渾天法也此圖天反小而居中地轉大而在外似失渾天之義不知圖名寳照寳照者鏡也猶以鏡置地仰照上天天象自在鏡中照出鏡在地地自大鏡自小故天反居中地轉在外學者惟具廣大神通昂頭天外見得青冥碧落中河海山嶽脈絡分明日月星辰光華輝映一一觸我眉睫宕我心胸方是絕地通天大作用若僅以圖視圖尺幅之微何足狀天地之大哉

天盤外第一層爲列宿度數卽二十八星之位也。角十一度。欠二十分。亢十一度。欠二十四分、氐十八度。欠九分。房五度。欠八分。心八度。餘十四分。尾十五度。餘十二分。箕九度。欠五分。斗二十四度。欠七分。牛八度。欠二十分。女十一度。餘四十分。虛十度。欠二分。危二十度。餘六分。室十六度。欠十九分。壁十三度。餘十六分。奎十一度。餘三十三分。婁十二度。欠二分。胃十二度。餘三十分。昴九度。餘二分、畢十五度。餘十五分。觜一度。欠一分。參十一度。欠二十四分、井三十一度。欠三十三分。鬼五度。欠二十六分。柳十七度。欠一分。星八度。餘二十六分、張十八度。餘三分。翼十七度。欠一分。軫十三度。餘五分、列宿之位每歲必東旋少許數十年則差一度謂之歲差古惟隨時考驗東晉虞喜始立差法以五十年差一度南朝宋何承天以百年差一度隋劉焯以七十五年差一度唐大衍曆以八十三年差一度宋紀元曆以七十八年差一度元授時曆以六十七年差一度今法詳算列宿每年東旋五十一秒積七十年有奇差一度二千一百一十七年差一宮二萬五千四百十年有奇東旋一周矣

按舊曆唐堯甲子冬至日躔虛六度漢太初丁丑冬

至日躔斗十九度距唐堯甲子二千一百七十三年差三十度唐開元甲子冬至日躔斗七度距太初丁丑八百二十八年差十二度　國朝康熙甲子冬至日躔箕三度距開元甲子九百六十年差十三度同治甲子冬至日躔箕初度距康熙甲子一百八十一年差二度餘與今法適合蓋古度有奇零今惟用三百六十整數故尤明白顯易較勝諸家

第三層爲周天度數按數理精蘊周天定爲三百六十度一度定爲六十分一分定爲六十秒一秒定爲六十

微一微定爲六十纖周天三百六十者取其數無奇零
便於布算也即稽之經傳亦皆符合易曰凡三百六十當朞之日邵子曰
三百六十中分之爲二至二分相去之度下皆以六十起數者以三百六
十皆六六所成以六十度之皆得整數也舊法周天三百六十五度
二十五分度析百分分析百秒較今法每度少五十一秒有奇古之一度今之五十九分八秒有奇
古法天析十二宮宮析三十度周天原係三百六十
度漢人泥於日躔一日一度故加以五度二十五分
因宮度不可通遂以列宿處之今法仍以三百六
十平剖周天之度世俗轉執史漢緒餘以疑新法不

知新法之妙正妙在善守古法耳舊用宿度竟遺宮度以宮度難析奇零也今用宮度仍兼宿度以宿度可驗歲差也故皆謂之經度

第三層二十四氣即太陽躔次過宮法周天十二宮宮各三十度日躔每一節氣行十五度冬至起星紀丑之初小寒至星紀之中大寒立春日躔元枵子之次雨水驚蟄日躔娵訾亥之次春分清明日躔降婁戌穀雨立夏日躔大梁酉小滿芒種日躔實沈申夏至小暑日躔鶉首未大暑立秋日躔鶉火午處暑白露日躔鶉尾巳

秋分寒露日躔壽星辰霜降立冬日躔大火卯小雪大
雪日躔析木寅
新安陳氏謂目今冬至日躔箕在子之正中則天皇
應在酉末辛初太微在卯之正中天市在子癸之間
紫微司命在丑艮地矣今人不知天有差移仍執虛
危之針路爲準故天皇等星分吉宮位已錯用此天
星必須移易宮位方得據此則陳公亦混地盤之子
爲天盤之子矣所謂箕在子之正中特以冬至夜之
子正初刻言之蓋歷家以渾儀測天冬至夜半天盤

日躔所坐之箕適行到地盤子之正中其對衝之度恰升午點可於此刻考驗正南中星以測太陽躔度之深淺若日躔所坐之箕固仍在天盤丑宮之初也天盤一日繞地一周子時太陽到子自然太陽所坐天盤之箕在地盤子之正中卯時即轉到地盤卯中午時御轉到地盤午中酉時則轉而在酉子時又轉而在子是箕在子之正中不過冬至夜半之一時數刻安得以一時數刻所臨地盤之方位遂謂周天星度皆當移易宮位乎良由不知天有天之子地有地

之子遂誤以地盤子之正中爲天盤子之正中南洲徐氏直欲以冬至日躔所坐之箕移入天盤子宮之中原其故止坐未嘗將天地剖開遂致天盤之子與地盤之子混合爲一且援郭守敬堯時冬至日在子中虛六度之說爲證不知郭氏作授時歷其時冬至日躔箕九度以箕九度入丑宮初度虛宿恰在子宮之中蓋言堯時冬至日躔在今時子中虛六度非謂冬至日躔當在子宮之中也設以冬至日躔移入子中周天之星度皆亂倣擾天紀是誰之咎以陳徐二

公之搏雅何誤會如此也。

第四層子丑寅卯辰巳午未申酉戌亥天之十二辰也。星紀。元枵。娵訾。降婁。大梁。實沈。鶉首。鶉火。鶉尾。壽星。大火。析木天之十二次也。日月之會是爲辰。日月之行是爲次。辰以界天。次以紀度。一順一逆。一靜一動。其位雖同。其用各別。西歷云。十二辰在宗動天。列宿東旋。有時而移宮。十二辰則亙古不移。接十二次。當在列宿天。即黃道所經。七政所由也。列宿移宮。十二次之亙古不移。與十二辰同。

十二辰即天之十二宫十二次即七曜之中道也因
中道難辨標二十八星以識之故謂之宿宿次舍也
猶行次旅次故曰次也次與辰雖分順逆其實次即
在辰辰猶郡縣次猶山川列宿猶旅館旅館遷移郡
縣山川不與之俱移後世誤認歲差爲天日差移謂
天漸差而東日漸差而西是以有歲差不知歲差係
列宿東旋天之十二宫與十二次則亙古不移日躔
某節然必至某宫某度亦亙古不移也
天盤中繪三垣宗動天也繪廿八星列宿天也繪北斗

大角天綱也星經北斗杓星與紫微兩垣門鼎足而立直帝星前運乎天中宰制四方爲天帝號令之主七政之樞機陰陽之本原也故建四時均五行移節度定諸紀皆繫於斗大角帝座也與斗杓相直兩旁各有三星鼎足勾之曰攝提直斗杓所指以建時節淮南子天文訓斗指子則冬至指癸則小寒指丑則大寒指報德之維則越陰在地而立春指寅則雨水指甲則雷驚蟄指卯而春分則雷行指乙則清明風至指辰則穀雨指常羊之維則春分盡而立夏指巳則小滿指丙則芒種指

午則陽氣極而夏至指丁則小暑指未則大暑指背陽之維則夏分盡而立秋指申則處暑指庚則白露降指酉則秋分指辛則寒露指戌則霜降指蹏通之維則秋分盡而立冬指亥則小雪指壬則大雪指子則陰氣極而冬至。

北斗杓星上接紫微垣帝星下連大角一線直下在天盤卯辰之間黄昏時必指地盤月建如仲冬斗杓指子冬至日躔箕初度以天盤箕初度加於地盤戌之正中斗杓恰指地盤子之正中月月如此占候無

不準驗天交訓指某云云皆在每月戌時候之所謂月月常加戌者即此今之戌時古之黃昏也天元歷理以日入後至星現一二刻謂之黃昏若在夏至日入戌初再一二刻恰是戌時正中若冬至日入申正二刻一二分再一二刻尚屬酉初以天盤箕初度加於地盤酉初初刻斗杓尚指戌末徐公即以此刻候之宜其以仲冬黃昏斗杓指戌末孟春黃昏斗杓指子末而欲改易今之月建也此非時刻之差即誤認斗杓從第六星直下堯時冬至日在虛虛加戌而斗杓指子今時冬至日

在箕。箕加戌而杓仍指子。自堯迄今。列宿已差兩宮。安得斗建不差兩宮。故宋太史沈括。以當今日月五星二十八宿。皆不應天象。總由斗杓不當月建。須依歲差移易。大改歷法。事事釐正。始得。此則誤認歲差。並誤認斗柄。斗柄下連大角。左右各三星。勾之。正斗杓所指。以建時節。嘗於夏至戌正初刻驗之。以斗杓從大角直下。此刻恰指正南午中。夏至黃昏如此。冬至黃昏。斗杓之指子中可知。因悟列宿東旋。三垣諸星。不與之俱旋。北斗附紫微垣。紫微太微天市皆在宗動天亙古不移處渾儀以宗動列宿分爲二重以列宿有差宗動無差也古以太微在翼軫北天市在房心東北今太微在翼北軫在太微東南房心在天市之南古以文昌在張今文昌在柳其前二星寢入鬼井矣此并三垣諸星未嘗東旋之明徵與唐史歷志謂北斗樞星舊在星一度今在張三度璇在張二度今在張十二度璣在翼二度今在翼十三度權在翼八度今在翼十七度玉衡在軫八度今在軫十度開陽在角七度今在角四度杓星在亢四度今在角

十度驗今天象又與唐史所載畧異。七曜流行皆隨天左旋。一日繞地一周。一時即移一辰。由子而丑。由寅而卯。皆依十二時順地左旋。其在天行度。太陽日約一度。太陰日十餘度。五星或數分。或數十分。或百餘分。皆循列宿。道逆天右旋。張橫渠云。天行健。一日一夜。周三百六十度。又進過一度。日行健次於天。一日一夜。恰周三百六十度。比天進一度。則日爲退一度。積至三百有六旬有六日。天所進過之數。恰周得本數。日所退之數。亦恰周得本數。遂與天合而成一年。來

子云進數爲順天而左退數爲逆天而右歷家以進數難算只以退數算之故謂之右行

按朱張二公所謂退數非退也不及乎天也昨日不及一度今日不及一度明日又不及一度歷家卽以此爲一度二度三度所謂以退數爲進數也日月有進度無退度五星則有進有退有遲留梅氏文鼎曰五星之遲疾留逆漢以前無言之者漢以後語焉而不詳雖授時歷號稱至精於此亦未能深測至新法乃詳言之此今歷勝古歷之一大端也先哲云今人事事不及古

八惟歷法遠勝於古人因古人所至
又復精思故已到竿頭更能進步
七政四餘天道之流行而賦物者也顧恆星可繪流行
者不可繪法以白芨搗碎蒸熟拌宮粉搓作長條如筆
管大小用薄刀切成餅如棋子狀乾而堅白如玉取十
一枚分書日月木火土金水炁孛羅計字樣按宮歷某
日某曜在某宿某度卽以某字樣加於天盤某宿某度
旣便轉動亦易認取或每枚剪細銅絲寸許橫貫作柄
用時以柄加度不致擠壓尤妙
道光二十二年十一月乙丑午正一刻冬至是夜以

實照觀星太陽箕初度太陰柳十二度木星斗十七度火星角六度土星斗七度金星斗一二度水星尾九度紫炁虛九度月孛危十七度羅睺井九度計都斗二度遂位照此列於天盤各度此在子時正初刻以天盤日躔所坐之箕初度加於地盤子之正中太陽與水星到地盤子方土計到壬金木到亥火星到寅紫炁在戌月孛在辛羅睺在丙此刻太陽及五星俱未出地惟太陰在辰巽之間視天上之月亦恰到辰巽之間又此刻天盤日躔對衝之參宿正到地盤

午方覩天上之參亦恰在正南午方與觜井昴畢爛然金陳鷄鳴時以天盤箕初度加於地盤丑之正中太陽水星到丑土星到癸金木到子火星到卯參横於未月到丙方矣平旦時以天盤箕初度加於地盤箕之正中太陽水星到寅土星到艮金木到丑月過午中火在辰方出地與大角爭明北斗横天觜參欲臥令人想見羅浮酒醒斗轉參横時學者倣此逐時旋轉則星漢升沉隨時可測

按渾天說天地形如鳥卵天包地外如卵白地處天

中如卵黃天度三百六十半覆地上半在地下南北
極樞旋轉斜倚地中兩極之中爲赤道日月星辰俱
斜轉上下爲晝夜出入赤道爲冬夏釋典言天之中
有須彌山形如蓮花其根柢極小漸上漸大大處爲
地中四圍皆山涵濇海水成世界其中爲須彌山頂
四旁爲四洲其下環大海水皆天體風輪火輪之所
持載日月環行須彌山半上下皆燭照徐南湖云須
彌山卽大地也地在天中如果之有核卵之有黃日
月雖環行實斜經海水之下行於風輪火輪之間非

行於水中也但斜環地下非直環地下但斜行如蓋非平行如蓋悟此便識得渾天之理黃帝素書言地在太虛中大氣舉之大氣即釋氏所謂金輪火輪水輪也氣之燥者為火氣之剛者為金氣之潤者為水大氣層層內外包裹是以舉之故先儒謂天地一氣也天包地外其氣勁直旋轉不已故地得載其中安靜不動邵子曰天何依依乎地地何附附乎天然則天地何所依附曰自然依附其形也有涯其氣也無涯緣督趙氏曰北極不動處猶車輪之中軸瓜瓣之

攢頂北極在地平之上南極在地平之下便知地在天內如鷄子之中黄以上諸說皆可與渾天相發明按渾天本於顓頊羲和始立渾儀漢唐更創爲銅儀後世又别爲簡儀平儀子午諸儀然皆仰觀之象故列宿皆自右而左實照則俯視之象列宿獨自左而右緣此圖如以鏡置地三垣列宿皆若鏡中照得故與諸儀異製也

選擇辨正卷之四

候星瑣言

一園主人輯

曩讀天元歌意有所觸輒隨筆錄之後因附記於各節之下以便檢閱非為天元作解也其不盡者另為一冊命曰瑣言言候星也為造福言是用不憚於瑣

候星之法唐虞三代之法也汝羲暨和候星之官也璿璣玉衡候星之器也用旦用昏用日中候星之時也候天休命周書紀之定之方中衞詩詠之日中日昃春秋

書之言兵言造言葬皆候天星也青囊經之天光下臨葬書之藏辰合朔果老之恩用難忌楊公之用元宮主賴太素之天皇紫微吳景鸞之天河轉運冷無極之洞天秘錄劉青田之佐玄直指皆候星之法雖在術家實唐虞三代之舊法

候星雖唐虞三代之法實萬世不易之法攝天上之精氣返地中之元陽舍此一法並無二法故自秦漢魏晉迄唐宋元明凡屬名家皆用之自歷官失學謬以術數禁忌之例竄入歷書候星之法遂壞　國初

蔣中陽先生際日月光華之盛觀星雲爛縵之奇作天元歌表章之使唐虞三代之法復著於人間眞不愧一代宗工千秋圭臬也學者欲精其義惟將渾天寶照著實研求不惟深悉候星之法將以此知天文並以此知歷法且將悶浮世界一箇牢不可破之疑團打得粉碎心目間絕無神煞觸犯之慮足稱一時快事

擇吉必候天星取其精光燭照下徹重泉以助地中生氣也凡兩星相拱相夾相合相對便能合光日月有光

也木火有光也金水有光也水木有光也土金有光也木炁火羅土計水孛皆有光也一日之間神光離合呈靈氣往來眞如山陰道中目不暇給若值三星四星五六星合格成局尤覺精采煥發光燄燭天坐向得此不惟神迎鬼避煞没陰消而廻光自天返氣入地將氣以含光光以孕氣斯即葬乎天地之交之中靈以此鍾秀以此毓得氣受蔭如影隨形

七政四餘無論爲恩爲用爲難爲忌但得合格成局必有一點精光收翕融聚下注於所照之方之山或

凝土皮或浮草際大者盈尺小者徑寸如珠之彩如玉之輝因其聚散無常往來不定故謂之靈光近有望靈光者於地之結穴處距一里半里凝目注視見有蓬蓬如釜上氣者蒸於地面似霧非霧似烟非烟風吹不動雨搖不散以爲靈光此生氣非靈光也靈光只有一點生氣卻是一團靈光之照耀鮮明無不是氣生氣之絪緼團結絕不現光靈光成於天移時即散生氣出於地經久猶存但生氣易見靈光難見非有慧眼慧心未易睹此惟不易見是以有候星之

法法在自星在星在自光在渾天寶照一逆命中之
正法眼藏也
日爲太陽之精月乃衆陰之長光華復且勝於五星爲
禍福一首若春之金土秋之水水夏之金水冬之木火
與之吉格成局則星得日月彌增照耀之光日月得星
益顯陰陽之用故日月輔恩用恩用輔日月天元歌謂
之亥受其格尤奇
日月星辰無時不有精光下注山林原隰無處不有
靈氣往來無所綢繆遂漸移而漸散有所承受斯愈

久而愈新故曰隨天而行凝地而應天機素書專屈五星四餘初不拘太陰太陽天星秘竅則專候初出地之太陽與對望之太陰惟天元歌兼取並用將日華星爛併作一團俾天光下臨分外鮮明分外精采候星至此前無古人後無來者

精光翕聚必得日月五星成局成局必會三星四星五六星兩星雖不成局尚能合光一星孤行精氣便減太陽與五星成局一日中二十四山皆可通用若太陰與日星成局則惟此一時到此一山蓋太陰日行十二三

度或十四五度有奇一時必移一度先一時則局尚未成後一時則其局已撤未成則光華未聚已撤則精力必衰

太陰與日星成局如第三卷冬至夜半一局此因葬五山未向地夜值星月故以寶照觀之冬令用火恩星窵遠取日月輔之太陽距火星六十三度必候太陰距火星亦六十三度此局方成用巳時初三刻七分太陰行至星一度與太陽相距之度適均日月輔火正到未向對照丑山日在巳月在酉三合照山故

吉。又火羅二星相距一百一十六度。次日寅時初一刻。太陰行至張一二度間。適當二星之中成福星輔月一局。此刻太陰正到丙方。若係壬山丙向取火羅輔太陰到向。對照壬山。火在乙。羅在坤。又三合照山。吉格也。此此候太陰成局。必此一時行至天盤此度轉到地盤此山。其局始成。前一時及後一時皆短長多寡不稱。故曰論宮論度要平分也。

日月三合。佳格也。太陰與太陽每月必兩次三合。上弦後東距太陽一百五度。至百三十五度內皆成三合。下

弦前酉距太陽百三十五度至一百五度外亦成三合
所謂三方合照緊相隨也當其成局時二千四出皆可
遠用是三合一局較之日月同宮日月對照尤易於成
而便於用若四時用星與之合照即日月之氣亦隨之
而合爲一氣合火即成火局合水即成水局合金合土
合木皆然日月三合星家最重者以此
合火即成火局如前丑山未向一局日月輔火即是
火局日在巳月在酉三合丑山是巳酉丑合成火局
也壬山丙向一局火羅輔月自是火局火在乙羅在

坤三合壬山是坤壬乙合成火局也蔣公子山午向一局日月輔火羅亦是火局日在辰月在丙三合了山是申子辰合成水局也世俗不知三合在天盤之日月星與地盤所坐之山相合徒索之地盤成局之方位及年月日時之干支以其爲水局某爲火局某爲金局木局是謂還其珠而買其櫝

七政四餘成局必各從其類日月爲一類五星爲一類四餘爲一類紫炁於木羅睺於火計都於土月孛於水又自爲一類取其相夾相合四餘不得與五星金五星

不得與日月並猶之尊卑貴賤各有等差也如冬令作子山火星到子太陽到辰太陰到申是日月與禍星三合也若係辰山取太陽到山以火星與太陰在申子合照不成格局矣夏令作午山取太陰到午金星到丙木星到丁夾之即金水月相逢吉局若以孛星到丁與金星並夾不成格局矣

按昔人有渾天開寶鑑金水月相逢之句蓋舉夏令一局以概其餘也後世莫得其解或以爲山或以爲水或以爲年月日時之干支盲指瞎猜百無一著而

不知實有一渾天寶鑑實有一金一水一月相逢於所作之山之上而冥然罔覺也竊歎古人之法滅裂於僞書謬解者十常八九習者不察往往承譌踵謬以僞亂眞不惟將古人心法盡付東流亦且自壞技藝貽禍蒼生也學者愼之

七政四餘皆隨天左旋斜轉上下爲出入自東而南而西乃出地上自西而北而東則入地下（日行黃道太陰五星傍黃道黃道又出入赤道行赤道北出寅甲入辛戌行赤道南出乙辰入申庚）是乙辰至甲庚諸山只可到山不能到向到向已入地下也辛戌至寅甲諸

山只可到向不能到山到山又入地下也地下之星必不能照地上之山亦有取其在下暗助者必上有拱對合照之星於法始合

拱對合照如冬令作子山太陰到午火星到寅羅星到戌雖火羅夾照子山尚未出地郤與太陰三合太陰對照子山與火羅合成一氣自火羅之氣亦到子山所謂迴光返照也若太陰亦在子山雖火羅隔宮相夾成局郤伏於地下近不照山遠不照向此造物有餘不盡之藏留之可也

星家以五星四餘有吉有凶天元歌則以恩用爲吉雖忌爲凶蓋五行之氣火羅純陽木炁次之水孛純陰金土次之夏令陽氣已極宜濟以陰故金水爲吉火土爲凶冬令陰氣已極宜濟以陽故木火爲吉金水爲凶春分前陰氣未盡宜兼陽星故火土爲吉水木爲凶春分後陽氣將盛宜兼陰星故金土爲吉木火爲凶秋分前陽氣未盡宜兼陰星故水木爲吉金土爲凶秋分後陰氣將盛宜兼陽星故木火爲吉金爲凶是吉凶隨時變易不可執定某爲吉星某爲凶星也

星無吉凶陰陽相見則吉陰陽相乘則凶世俗以五行論生克以生山生命爲吉克山克命爲凶或以生宮辰者爲吉克宮辰者爲凶又以每歲當各化一曜化曜吉者爲吉化曜凶者爲凶總由未得青囊正訣故東擬西猜一法不靈又創一法但取其數之牽合不顧其理之是非宜其所定吉凶百無一驗也學者必掃除一切惟按四時取恩用日月照穴以救二氣之偏使陰陽相濟穴中得冲和之氣自無不吉

用星雖辨天時亦詳地理如江畔湖濱卑下低濕之所

水氣自盛勢必用火若值於冬令取火羅到山此時雨間水氣正旺自穴中濕氣亦旺恐火不勝水宜在春分平氣時專用火羅熫與穴中純陰之氣相稱而冷氣自消若崇岡峻嶺高燥乾澁之區火氣自盛勢必用水若值於夏令取水孛到山此時雨間火氣正旺自穴中燥氣亦旺恐水不勝火宜在秋分平氣時專用水孛熫與穴中亢陽之氣相敵而燠氣自除至深林密箐之中木氣自盛宜用金土若依春令取金土到山則天地之木氣與山間之木氣交旺金土或不能勝宜在季夏土旺

金生之際取之照穴斯土木平而無偏盛之患若有金
銀銅鐵等礦金氣自盛宜用木炁若依秋令取木炁到
山則天地之金氣與山間之金氣交旺木炁終不能勝
宜在季冬木炁將生之際兼用火羅斯金木平而無獨
弱之處只此一坏之土而有水火木金之別五行即在
目前人人可見此之謂地理
凡山皆土也古人別以二十四名不過爲辨方計有
何五行可推壬子癸在北以北方屬水非此數字即
是水丙午丁在南以南方屬火非此數字即是火甲

卯乙之在東庚酉辛之在西無非辨方之字後世誤以此等字即爲水爲火爲金爲木斤斤焉檢年月日時之干支生之合之佐之輔之以爲相龍補山及知不驗又别倒爲雙山六合納音洪範等種種五行姚秋農先生云此輩東牽西掣總由生克二字横梗胸中用之不靈不得不多爲之途以求倖中要之葬者皆土春從木論夏從火論秋從金論冬從水論者天道也卑下爲水高燥爲火近林屬木近礦屬金者地道也何俟索之干支以求五行哉

嘗得一預先選擇法記己亥四月兩總無事偶檢歷書
因即五月初旬推之初一日子正初刻太陽畢十三度
太陰昴八度金星井二十三度水亦昴八度孛星角七
度時當夏令木炁火羅土計均須避去惟以水孛爲用
金星爲恩亥時正二刻十二分太陰行至畢十三度日
月合朔雖金水輔之短長不稱不成格局初二日太陽
金星各進一度水星進二度太陰酉時行至參十度若
在庚山用酉時初三刻取太陰到山金水輔之即金水
月相逢也初三日太陽金星各進一度水星畢四度亥

正三刻太陰至井十四度成金水輔日月吉局然伏而不見矣初四日太陽金水各進一度金水輔日月到子但伏於地下三方無拱對合照之星不可用也初六日太陽金星各進二度水星進三度太陰巳時至柳十三度若在卯山用巳時初三刻取太陰到卯水星到巳孛星到丑以福星輔太陰到山佳格也學者倣此按宫歷逐日推查看某月日成何格局某時刻到何山方用朱墨標記以便檢用則風簾月牖之間鉢花盆石之側焚香瀹茗轉斗移星既可觀象又可消閒亦書齋清玩之

第一雅事也。

世俗多久殯不葬詢之曰無吉日若解候星之法或取日月或取恩福或取恆星吉日不可勝用也夫人子於親之喪斂手足形還葬斯之謂禮若久殯不葬待其血肉消化筋節脫落然後入土反之此心已不能安況魄肉既降於其地又遷骨而他葬之是故使其親之骨恫異處也人子之心其何以忍乎洞天秘錄云人生十月而胎成人死十月則髓竭果得吉地貴乘初喪急葬使接續生氣以返元陽如接木然須

葬新葬若經宿氣散便不能活葬法七日內最佳七七猶可若遲至一年二年則骨髓旣竭雖有吉地無能爲矣世之爲人久殯者豈眞無吉日哉操術未精選擇之道未得也

恆星之吉者莫大於帝星天官書紫宮內天極五星第二座明而赤者爲天帝星此太一之座天神之最尊貴者帝星與斗杓相直天市垣帝星在左太微垣帝星在右大角帝座居中星家最重斗杓所指謂之天罡理數家謂天罡指處眾煞潛形者以帝星齊見也寶鑑賦云

尊星在座諸吉莫不趨承帝曜臨垣羣邪自然退避尊帝卽天神之最尊貴者非二星也逐時以天盤旋轉隨斗柄所指之方用之諸事咸吉

帝星天帝星也俗術傳會支離殊覺可笑謂帝星在紫宮內遂有以紫炁為帝星木星為尊星者謂帝星卽北辰又有以北斗為帝星南斗為尊星者謂帝星為太一恆下行九宮復有以年月日時干支飛行九宮謂之帝星其對宮為尊星者惟漢書王莽傳天文郎按栻於前莽旋席隨斗柄而坐為與知帝星第欲

藉此制漢兵謬妄亦甚然以此制煞則實有奇徵也
或謂以人間瑣屑事動用帝星似嫌褻瀆按明時有
載重貨至都門者心憂兩廠之擾不敢入或告之曰
某日駕當出若輩必斂乘此入城保無事客從之遂
入善哉謀乎卽用帝星制煞故智也藉天子之靈制
羣小之肆天子不及知羣小不之覺所謂以不用爲
用也不用之用正妙於用何嫌褻瀆哉
列宿爲黃道之所經七政之所由固與恩用日月同到
山方者其星亦不可不悉按星經角爲天闕又名天相

金星也亢火星氐爲天府土星也房爲明堂一名天駟又爲天倉木星也心火星中央大星帝星也帝星有五紫微常居大微聽政天市治國大角主新政心主見於天根尾爲九子水星也箕金星斗爲天機亦曰天關南二星爲天梁主兵中二星爲天相主爵祿北二星爲天府主壽命木星也牛亦木星女爲少府主嫁娶水星也虛爲冢墓之官主覆藏亦水星危主大府亦名天市土星也室曰營室主土工事木星也壁爲圖書秘府主文章道術土星也奎爲武庫金星也婁主苑囿土星也胃爲天庫亦爲天倉金星也昴水星

畢爲天馬爲雨師水星也觜主寶貨金星也參名天鉞
亦名天市爲忠良孝謹之子亦金星井名天池亦曰天
府天闕水星也鬼土星柳爲天厨主燕享火星也星爲
天庭爲文明之會羽儀之所水星也或曰火星張爲御
府亦曰天府火星也翼爲天之羽儀文物聲名之所注
星也軫爲天軍主任載火星也或曰水星
演禽法以日月五星分屬四宮七宿作十戍死法列
宿自有五行何俟另爲編派按星經四宮謂之四獸
是每宮以七宿合成一獸也安得另爲二十八種鱗

蟲飛走之屬强列宿舍其蒼龍元武朱鳥白虎之舊各爲一獸乎其用法尤屬不經或值年或值月或值日值時四者相聚視物之大小强弱爲法之吞啖制伏謂列宿猶燿中衢皆凶殘搏噬弱肉而强食於理何居猶不當理雖甚驗君子猶禁焉况不驗乎後世有述者奈何不察

渾天寶照所候之天星日月也五星也四餘也恆星之吉也所取者恩用日月所避者忌難變異也其格則到山到向合照其局則三星四星五星六星也

此皆明明在上有形可見有象可求有例可遵有典可據無荒杳之理無影響之辭無支離穿鑿之談無遷就游移之法至平至常至簡至易至精至妙至神至奇故能廻天地挽氣化控山川以返元陽以生吉命以蔭後昆此造命一訣所以傳爲人間至寶也此法自來珍重秘密不傳雖歷代名家各有成書然皆深藏若虛比於良賈即蔣公天元歌自謂秘寶盡啟而玉纔出璞不琢不雕人莫測其所以用今再不傳恐寶鑑長韜星光久晦氣運民生坐此愈薄故不惜

磨礱砥礪傾箱倒篋而出之非不愛寶也法以有用於世爲貴天下之寶當與天下共之也顧法有一定用宜變通學者惟自辦一具靈心一雙慧眼隨地制宜因時立局不爲成格所拘不爲邪說所惑將星宿羅胸造化在手爲乾坤扶氣運爲國家厚民生則謂之候星可謂之造福可即謂之參天地贊化育亦無不可

選擇辨正卷之四

候星瑣言

一園主人輯

曩讀天元歌意有所觸輒隨筆錄之後因附記於各節之下以便檢閱非爲天元作解也其不盡者另爲一冊命曰瑣言言候星也爲造福言是用不憚於瑣

候星之法唐虞三代之法也汝羲暨和候星之官也璿璣玉衡候星之器也用旦用昏用日中候星之時也候天休命周書紀之定之方中衞詩詠之日中日昃春秋

書之言兵言造言葬皆候天星也青囊經之天光下臨葬書之藏辰合朔果老之恩用難忌楊公之用元宮主賴太素之天皇紫微吳景鸞之天河轉運冷無極之洞天秘籙劉青田之佐玄直指皆候星之法雖在術家實唐虞三代之舊法

候星雖唐虞三代之法實萬世不易之法攝天上之精氣返地中之元陽舍此一法並無二法故自秦漢魏晉迄唐宋元明凡屬名家皆用之自歷官失學謬以術數禁忌之例竄入歷書候星之法遂壞　國初

蔣中陽先生、際日月光華之盛、覩星雲爛縵之奇、作天元歌表章之、使唐虞三代之法、復著於人間、眞不愧一代宗工、千秋圭臬也、學者欲精其義、惟將渾天寶照著實研求、不惟深悉候星之法、將以此知天文、益以此知歷法、且將閻浮世界一箇牢不可破之疑團、打得粉碎、心目間絕無神煞觸犯之虞、足稱一時快事、

擇吉必候天星、取其精光燭照、下徹重泉、以助地中生氣也、凡兩星相拱相夾相合相對、便能合光、日月有光

也木火有光也金水有光也水木有光也土金有光也
木炁火羅土計水孛皆有光也一日之間神光離合靈
氣往來眞如山陰道中目不暇給若值三星四星五六
星合格成局光覺精采煥發光燄燭天坐向得此不惟
神迎鬼避煞沒陰消而廻光自天返氣入地將氣以含
光光以孕氣斯卽葬乎天地之交之中靈以此鍾秀以
此毓得氣受蔭如影隨形

七政四餘無論爲恩爲用爲難爲忌但得合格成局
必有一點精光收翕融聚下注於所照之方之山或

凝土皮或浮草際。大者盈尺。小者徑寸。如珠之彩。如玉之輝。因其聚散無常。往來不定。故謂之靈光。近有望靈光者。於地之結穴處。距一里半里。凝目注視。見有蓬蓬如釜上氣者。蒸於地面。似霧非霧。似烟非烟。風吹不動。雨搖不散。以為靈光。此生氣。非靈光也。靈光只有一點。生氣卻是一團。靈光之照耀鮮明。並不是氣。生氣之絪緼團結。絕不現光。靈光成於天。移時即散。生氣出於地。經久猶存。但生氣易見。靈光難見。非有慧眼慧心。未易睹此。惟不易見。是以有候星之

法法在自星在星在自光在渾天寶照一造命中之
正法眼藏也
日爲羣陽之精月乃衆陰之長光華復且勝於五星爲
諸福之首若春之金土秋之水木夏之金水冬之木火
與之合格成局則星得日月彌增照耀之光日月得星
益顯陰陽之用故日月輔恩用恩用輔日月天元歌謂
之交愛其格尤奇
日月星辰無時不有精光下注山林原隰無處不有
靈氣往來無所綢繆遂漸移而漸散有所承受斯愈

久而愈新故曰隨天而行凝地而應天機素書專用五星四餘初不拘太陰太陽天星秘竅則專候初出地之太陽與對望之太陰惟天元歌兼取僉用將日華星爛併作一團俾天光下臨分外鮮明分外精采候星至此前無古人後無來者

精光翕聚必得日月五星成局成局必會三星四星五六星兩星雖不成局尚能合光一星孤行精氣便減太陽與五星成局一日中二十四山皆可通用若太陰與日星成局則惟此一時到此一山蓋太陰日行十二三

度或十四五度有奇一時必移一度先一時則局尚未成後一時則其局已撤未成則光華未聚已撤則精力必衰

太陰與日星成局如第三卷冬至夜半一局此因葬丑山未向地夜値星月故以寶照觀之冬令用火恩星窵遠取日月輔之太陽距火星六十三度必候太陰距火星亦六十三度此局方成用巳時初三刻七分太陰行至星一度與太陽相距之度適均日月輔火正到未向對照丑山日在巳月在酉三合照山故

吉又火羅二星相距一百一十六度次日寅時初一
刻太陰行至張一二度間適當二星之中成福星輔
月一局此刻太陰正到丙方若係壬山丙向取火羅
輔太陰到向對照壬山火在乙羅在坤又三合照山
吉格也此候太陰成局必此一時行至天盤此度轉
到地盤此山其局始成前一時及後一時皆短長多
寡不稱故曰論宮論度要平分也
日月三合佳格也太陰與太陽每月必兩次三合上弦
後東距太陽一百五度至百三十五度內皆成三合下

弦前西距太陽百三十五度至一百五度外亦成三合
所謂三方合照緊相隨也當其成局時二千四山皆可
通用是三合一局較之日月同宮日月對照尤易於成
而便於用若四時用星與之合照卽日月之氣亦隨之
而合爲一氣合火卽成火局合水卽成水局合金合土
合木皆然日月三合星家最重者以此
合火卽成火局如前丑山未向一局日月輔火卽是
火局日在巳月在酉三合丑山是巳酉丑合成火局
也壬山丙向一局火羅輔月自是火局火在乙羅在

坤三合壬山是坤壬乙合成火局也蔣公子山午向一局日月輔火羅亦是火局日在辰月在申三合子山是申子辰合成火局也世俗不知三合在天盤之日月星與地盤所坐之山相合徒索之地盤成局之方位及年月日時之干支以某爲水局某爲火局某爲金局木局是謂還其珠而買其櫝

七政四餘成局必各從其類日月爲一類五星爲一類四餘爲一類紫炁於木羅睺於火計都於土月孛於水又自爲一類取其相夾相合四餘不得與五星並五星

不得與日月並猶之尊卑貴賤各有等差也如冬令作子山火星到子太陽到辰太陰到申是日月與福星三合也若孫辰山取太陽到山以火星與太陰在申子合照不成格局矣夏令作午山取太陰到午金星到丙水星到丁夾之即金水月相逢吉局若以孛星到丁與金星並夾不成格局矣

按昔人有渾天寶鑑金水月相逢之句蓋舉夏令一局以概其餘也後世莫得其解或以爲山或以爲水或以爲年月日時之干支盲指瞎猜百無一著而

不知實有一渾天寶鑑實有一金一水一月相逢於所作之山之上而冥然罔覺也竊歎古人之法滅裂於僞書謬解者十常八九習者不察往往承譌踵謬以僞亂眞不惟將古人心法盡付東流亦且自壞技藝貽禍蒼生也學者愼之

七政四餘皆隨天左旋斜轉上下爲出入自東而南而西乃出地上自西而北而東則入地下日行黃道太陰五星傍黃道黃道又出入赤道行赤道北出寅甲入辛戌行赤道南出乙辰入申庚是乙辰至甲庚諸山只可到山不能到向而到向已入地下也辛戌至寅甲諸

山只可到向不能到山到山又入地下也地下之星必不能照地上之山亦有取其在下暗助者必上有拱對合照之星於法始合

拱對合照如冬令作子山太陰到午火星到寅羅星到戌雖火羅夾照子山尚未出地卻與太陰三合太陰對照子山與火羅合成一氣自火羅之氣亦到子山所謂迴光返照也若太陰亦在子山雖火羅隔宮相夾成局卻伏於地下近不照山遠不照向此造物有餘不盡之藏留之可也

星家以五星四餘有吉有凶，天元烏則以恩用爲吉，難忌爲凶。蓋五行之氣，火羅純陽，木炁次之，水孛純陰，金土次之。夏令陽氣已極，宜濟以陰，故金水爲吉，火土爲凶。冬令陰氣已極，宜濟以陽，故木火爲吉，金水爲凶。春分前陰氣未盡，宜兼陽星，故火土爲吉，水木爲凶。春分後陽氣將盛，宜兼陰星，故金土爲吉，木火爲凶。秋分前陽氣未盡，宜兼陰星，故水木爲吉，金土爲凶。秋分後陰氣將盛，宜兼陽星，故木火爲吉，金爲凶。是吉凶隨時變易，不可執定某爲吉星，某爲凶星也。

星無吉凶陰陽相見則吉、陰陽相乘則凶、世俗以五行論生克以生山生命爲吉、克山克命爲凶、或以生宮辰者爲吉、克宮辰者爲凶、又以每歲當各化一曜、化曜吉者爲吉、化曜凶者爲凶、總由未得青囊正訣、故東擬西猜、一法不靈又創一法、但取其數之牽合、不顧其理之是非、宜其所定吉凶、百無一驗也學者必掃除一切、惟按四時取恩用日月照穴以救二氣之偏、使陰陽相濟、穴中得冲和之氣、自無不吉、

用星雖辨天時、亦詳地理、如江畔湖濱卑下低濕之所、

水氣自盛勢必用火若僅於冬令取火羅到山此時雨間水氣正旺自穴中論氣亦旺恐火不勝水宜在春分平氣時專用火羅庶與穴中純陰之氣相稱而冷氣自消若崇岡峻嶺高燥乾澁之區火氣自盛勢必用水若僅於夏令取水孛到山此時雨間火氣正旺自穴中燥氣亦旺恐水不勝火宜在秋分平氣時專用水孛庶與穴中亢陽之氣相敵而燠氣自除至深秋容管之中木氣自盛宜用金土若依春令取金土到山則天地之木氣與山間之木氣交旺金土或不能勝宜在季夏土旺

金生之際，取之照穴，斯土木平，而無偏盛之患，若有金銀銅鐵等礦，金氣自盛，宜用木疵，若依秋令取木疵到山，則天地之金氣與山間之金氣交旺，木疵絕，不能勝，宜在季冬木疵將生之際，兼用火羅斯金木平，而無獨弱之虞，只此一球之土，而有水火木金之別，五行即在目前，人人可見，此之謂地理，

凡山皆土也，古人別以二十四名，不過為辨方計，有何五行可推，壬子癸在北，以北方屬水，非此數字即是水，丙午丁在南，以南方屬火，非此數字即是火，甲

卯乙之在東庚酉辛之在西無非辨方之字後世謬以此等字即爲水爲火爲金爲木斤斤焉檢年月日時之干支生之合之佐之輔之以爲相龍補山及知不驗又别創爲雙山六合納音洪範等種種五行姚秋農先生云此輩東萃西掣總由生克二字横梗胸中用之不靈不得不多爲之途以求倖中要之葬者皆土春從木論夏從火論秋從金論冬從水論者天道也卑下爲水高燥爲火近林屬木近礦屬金者地道也何俟索之干支以求五行哉

嘗得一預先選擇法，記已亥四月，雨牕無事，偶檢歷書，因即五月初旬推之。初一日子正初刻，太陽畢十三度，太陰昴八度，金星井二十三度，水亦昴八度，孛星角七度，時當夏令，木炁火羅土計均須避去，惟以水孛爲用，金星爲恩。亥時正二刻十二分，太陰行至畢十三度，日月合朔，雖金水輔之，短長不稱，不成格局。初二日太陽金星各進一度，水星進二度，太陰酉時行至參十度，若在庚山，用酉時初三刻，取太陰到山，金水輔之，即金水月相逢也。初三日太陽金星各進一度，水星畢四度，亥正三刻太陰至井十四度成金水輔日月吉局然伏而不見矣初四日太陽金水各進一度金水輔日月到子但伏於地下三方無拱對合照之星不可用也初六日太陽金星各進二度水星進三度太陰巳時至柳十三度若在卯山用巳時初三刻取太陰到卯水星到巳孛星到丑以福星輔太陰到山佳格也學者倣此按宮歷逐日推查看某月日成何格局某時刻到何出方用朱墨標記以便檢用則風簾月牖之閒鉢花盆石之側焚香瀹茗轉斗移星既可觀象又可消閒亦書齋清玩之

第一雅事也

世俗多久殯不葬詢之曰無吉日若解候星之法或
取日月或取恩福或取恆星吉日不可勝用也夫人
子於親之喪斂手足形還葬斯之謂禮若久殯不葬
待其血肉消化筋節脫落然後入土反之此心已不
能安況魄肉既降於其地又遷骨而他葬之是故使
其親之骨肉異處也人子之心其何以忍乎洞天秘
錄云人生十月而胎成人死十月則髓竭果得吉地
貫乘初喪急葬使接續生氣以返元陽如接木然須

乘新翦若經宿氣散便不能活葬法七日內最佳七七猶可若遲至一年二年則骨髓既竭雖有吉地無能爲矣世之爲人久殯者豈眞無吉日哉操術未精選擇之道未得也

極星之吉者莫大於帝星天官書紫宮內天極五星第二座明而赤者爲天帝星此太一之座天神之最尊貴者帝星與斗杓相直天市垣帝星在左太微垣帝星在右大角帝座居中星家最重斗杓所指謂之天罡理數家謂天罡指處衆煞潛形者以帝星齊見也寶鑑賦云

尊星在座諸吉莫不趨承帝曜臨垣羣邪自然退避尊帝卽天神之最尊貴者非二星也遂時以天盤旋轉隨斗柄所指之方用之諸事咸吉

帝星天帝星也俗術傳會支離殊覺可笑謂帝星在紫宮內遂有以紫炁爲帝星木星爲尊星者謂帝星卽北辰又有以北斗爲帝星南斗爲尊星者謂帝星爲太一恆下行九宮復有以年月日時干支飛行九宮謂之帝星其對宮爲尊星者惟漢書王莽傳天文郎按栻於前莽旋席隨斗柄而坐爲眞知帝星第欲

藉此制漢兵謬妄亦甚然以此制煞則實有奇徵也或謂以人間瑣屑事動用帝星似嫌褻瀆按明時有載重貨至都門者心憂兩廠之擾不敢入或告之曰某日駕當出若輩必斂乘此入城保無事客從之遂入善哉謀乎卽用帝星制煞故智也藉天子之靈制孽小之肆天子不及知孽小不之覺所謂以不用爲用也不用之用正妙於用何嫌褻瀆哉

列宿爲黃道之所經七政之所由固與恩用日月同到山方者其星亦不可不悉按星經角爲天闕又名天相

金星也、亢火星、氐爲天府、土星也、房爲明堂、一名天駟、又爲天倉、木星也、心火星、中央大星帝星也、帝星有五、紫微常居、太微聽政、天市治國、大角主新政、心主見於天根、尾爲九子、水星也、箕金星、斗爲天機、亦曰天關、南二星爲天梁、主兵、中二星爲天相、主爵祿、北二星爲天府、主壽命、木星也、牛亦木星、女爲少府、主嫁娶、水星也、虛爲塚墓之官、主覆藏、亦水星、危主天府、亦名天市、土星也、室曰營室、主土工事、木星也、壁爲圖書秘府、主文章道術、土星也、奎爲武庫、金星也、婁主苑囿、土星也、胃爲天庫、亦爲天倉、金星也、昴水星畢爲天馬爲雨師水星也觜主寶貨金星也參名天鉞亦名天市爲忠艮孝謹之子亦金星井名天池亦曰天府天闕水星也鬼土星柳爲天廚主燕享火星也星爲天庭爲文明之會羽儀之所水星也或曰火星張爲御府亦曰天府火星也翼爲天之羽儀文物聲名之所土星也軫爲天軍主任載火星也或曰水星

演禽法以日月五星分屬四宮七宿作十成死法列宿自有五行何俟另爲編派按星經四宮謂之四獸是每宮以七宿合成一獸也安得另譸二十八種鱗

蟲飛走之屬强列宿舍其蒼龍、元武、朱鳥、白虎之舊、各為一獸乎其用法尤屬不經或值年或值月或值日值時四者相聚覩物之大小强弱為法之吞啖制伏謂列宿炳耀中衢、皆凶殘搏噬弱肉而强食於理何居術不當理雖甚驗君子猶禁焉况不驗乎後世有述者奈何不察。

渾天寳照所候之天星日月也五星也四餘也恆星之吉也所取者恩用日月所避者忌難變異也其格則到山到向拱夾合照其局則三星四星五六星也

此皆明明在上有形可見有象可求有例可遵有典可據無荒杳之理無影響之辭無支離穿鑿之談無遷就游移之法至平至常至簡至易至精至妙至神至奇故能廻天地挽氣化控山川以返元陽以牛吉命以蔭後昆此造命一訣所以傳爲人間至寶也此法自來珍重秘密不傳雖歷代名家各有成書然皆深藏若虛比於良賈即蔣公天元歌自謂秘寶盡啟而玉纔出璞不琢不雕人莫測其所以用今再不傳恐寶鑑長韜星光久晦氣運民生坐此愈薄故不惜

磨礲砥礪傾箱倒篋而出之非不愛寶也法以有用於世爲貴天下之寶當與天下共之也顧法有一定用宜變通學者惟自辦一具靈心一雙慧眼隨地制宜因時立局不爲成格所拘不爲邪說所惑將星宿羅胞造化在手爲乾坤扶氣運爲國家厚民生則謂之候星可謂之造福可即謂之參天地贊化育亦無不可

選擇辨正卷之五

七政輯要

一園主人輯

七政四餘渾天寶照所候以造福者也倘災祥莫辨禍咎斯伏焉因檢最要者若干條錄之以示趨避庶寶鑑所照羣推一路福星也

日

日者羣陽之精眾貴之象行於中道中道黃道也出入於天之赤道者也恆出卯入酉夏常盈出寅入戌冬常縮出辰入申

赤道卽南北半天之腰兩極之中也日行黃道入赤道北爲盈出赤道南爲縮冬行南陸夏行北陸惟春秋兩分適行赤道之中

日爲太陽以光明爲吉五色者尤祥或生黃芒或多黃輝或有青雲在其上下皆吉

日有黃氣環其左右爲抱氣居日上爲冠氣戴氣日下爲承氣履氣下之左右爲纓氣紐氣皆瑞氣也

陰氣繞日謂之暈氣如半環向日謂之抱反向謂之背皆變也惟冠珥爲吉冠如半暈在日上兩旁者爲珥有

一珥兩珥三四珥者以黃爲吉黃白者次之純白及青赤黑色者凶

周禮眡祲氏以十煇之灋觀妖祥辨吉凶煇日旁氣也一曰祲陰陽之氣相侵也二曰象附日成形也三曰鑴氣刺日也四曰監臨日上也五曰闇食既而光脫也六曰瞢氣勝而光蒙也七曰彌貫日也八曰敘環繞也九曰隮虹感而升也十曰想有名象可想也祥則吉妖則凶

日始出有黑雲氣貫之三日有暴雨或橫蔽日或隨日

不散不移見主日中雨不見日高三丈即雨
日暈一重者多主風雨或再重三重甚至四五重六七
重者變氣也
日食日無光日青色日有黑子日生牙日光四散凶日
赤如火或赤如血數日並出兩日相鬬白虹貫日尤爲
大變也
西人以遠鏡窺日見其體不甚圓形如雞子其邊如
鋸齒然其面有浮游黑點大小不一隱現隨從每月
十四日則周日面之徑前點出後點入不能測其何

物何故月則凸凹不平如地之有山谷者然其凸處有光凹處無光月中黑影即其凹處也

月

月爲衆陰之長后妃大臣諸侯之象有九行青道二朱道二白道二黑道二合黃道爲九也遵道依度吉乍南乍北或進或退凶

日月周行於天形如兩環月環出入日環南北極東西傾倚春倚東爲青道夏倚南爲朱道秋倚西爲白道冬倚北爲黑道謂之四游分東北東南西南西北

爲八會黃道爲九故曰九行八道皆强立之名其實止有月環一道與日環相會兩環會處是謂交道卽出南入北之限

月爲太陰黃則吉變色爲殃

凡言氣以黃爲吉青主疾或饑荒赤主兵或旱或火白主喪或盜黑主水雜氣爲兵

月珥瑞氣也或一珥兩珥三四珥若珥且戴百日之內必有大喜

月暈亦多主風雨或三重四重五六重甚至七八重九

重十重者凶、

月食、月無光、月生齒、生足、月有璚、背、白暈入月、白虹貫月、數月並出、皆凶、

徐氏蒙求云、紀載諸書、有言數日並出、兩日相承相鬭者、月亦有之、此非眞日眞月也、不過顯其形似、爲喪亂凶荒之兆、日月之大變也、

五星犯月、星蝕月、月戴星、星入月中、彗星、晝月、流星犯月、皆凶、

北齊張子信言、月前有星、則行疾、星多、尤甚、沈存中

筆談月行雖有定數然遇行疾歷其前必有星如子信說亦陰陽相感相契之妙徐南湖謂星辰在天如山嶽在地層層散布高下遠近各不相礙人自下視則如一幅並列如看遠山千峯並峙祇似一層豈有月行疾而星必多之理殆人目力視遠星靜月動未易辨別譬如江上孤帆遠看不動若兩帆相值便似飛行沈氏以爲陰陽相感相契未免傅會

五星

五星謂之五行言其爲天行氣也木曰歲星色青比參

左肩火曰熒惑色赤比心大星土曰塡星色黃比參右肩金曰太白色白比狼星水曰辰星色黑比奎大星得其常色而應四時則吉

西人以遠鏡觀星見土星旁有二小星經久漸近後或合而爲一如皷之有兩耳然近木有四小星左右隨從有規則有定期又有蝕晦金則如月之有盈有闕有上下弦其變易於一年中亦如月之變易於一月西居太陽上則光滿居太陽下則光虧惟水火二星別無所見

坤靈圖至德之萌日月如連璧五星如貫珠
連璧貫珠謂日月五星同聚一舍也占相五星若合
是謂易行有德受慶改立王者奄有四方無德受殃
北史魏高允以漢元年十月五星聚東井爲謬蓋十
月只在尾箕也崔浩審之年餘乃在前三月聚東井
非十月也或謂漢初承秦制秦以建亥之月爲正月
秦時之十月即夏時之七月此時日月五星適聚於
東井史官書爲十月者遵秦時也高公以爲謬崔公
以爲前三月者據夏時也漢至武帝太初元年始以

建寅之月爲正月、二公

在東井、前三月當作前五月、三字當是五字之訛、

五星、相合相歷相陵相犯相食相守相觸相厨或退行

散爍芒角彗孛驚蕩易行皆星之變也、

同度曰合、經之曰歷、自上而下曰陵、自下而上曰犯、

侵邊曰食、居之不去曰守、兩體俱動而直曰觸、忽離

忽合若相擊曰鬬、當東反西曰退行、其精散爲妖星

曰散、色變曰爍、動曰芒角、光芒偏指、其長如帚曰彗、

光芒四出如圓絮者曰孛、三星聚曰驚、四星聚曰蕩、

五星聚曰易行

歲星

歲星東方木之精也、蒼龍之宿、主福、主道德、主穀、以光明朗潤爲主、黄則吉、赤白黑者凶、歲行一次、與太歲相應、故曰歲星、

甘氏德曰、歲星所之國吉、所去國凶、退行爲災、

授時歷云、歲星晨退若干日、夕退若干日、共只得九度餘、每宮大約各三十度、以去宮爲災、不出宮不爲災也、此說甚誤、五星之有進有退者、其常也、所謂退

行爲災以當東反西其退之變也郭氏誤以退行之退卽晨退夕退之退故曲爲之說愚謂當退而退雖出宮不爲災不當退而退雖不出宮亦災也

歲星與辰星合吉與熒塡合凶與太白合爲白衣之會若太白在南歲星在北名曰牝牡歲則大熟

熒惑

熒惑南方火之精也朱鳥之宿爲執法之星其下無道則留而降罰若環繞動搖芒角變色前後左右不定爲殃愈甚

康熙十七年御史成公其範奏云臣謹按五星古驗往往不爽熒惑尤速天官書熒惑反道二舍以上居之其下有殃今年十一月十五日火星退度十二月十八日退至鬼宿二十二日退至井宿自三十一度起至十八年正月初九日退至二十五度而留留至十九日而止鬼宿之分野貴州平越府是也井三十一度至二十五度之分野雲南大理武定姚安等府是也據星古論其時則自十二月十八日至正月十九日其地則自貴州平越至雲南八府此內當主賊

兵互相殘害，自行殄滅。蓋火旺南方，井鬼皆南方之宿也，雲貴皆南方之地也。反道，正居其野，逆賊之滅亡，此其時矣。是年吳三桂死，明年世璠伏誅，雲南平。徐國臣言後晤成公談及此事，謂彼時熒惑入井分前後共九十餘日。按火星行率，自晨留而退，退而夕留，止得七十餘日，此云入井分者九十餘日，即所謂留而降罰，不當退而退者也。

熒惑與歲星合有喜，與塡星合爲憂，與太白合爲爍，與辰星合爲焠

塡星

塡星中央土之精也勾陳之宿一名鎭星主福德又主土功以光明爲吉春色蒼歲則大熟退行一舍二舍主地動或有大水

塡星與歲星合主饑與太白合爲白衣會與長合爲壅沮爲變謀與熒惑合爲兵爲亂

五行家以火爲土母謂火土相生也故造命訣以熒惑爲塡星之恩此云塡星與熒惑合爲兵爲亂則主克之說正未可拘世之言五行者大都本於五星也

以眞正之土星與火星相合尙不以得生爲吉則其以辰戌丑未戊己之土值丙丁巳午之火爲得生而吉者皆妄談也

太白

太白西方金之精也白虎之宿主兵主殺以光明見影爲吉晨出東方爲啟明昏見西方爲長庚助日之明亦謂之明星

朱子詩註啟明長庚皆金星以其先日而出故謂之啟明以其後日而入故謂之長庚其說本之毛傳誠

室當不易論者疑之以爲金星行度與日相等既先日而出即當先日而入若後日而入亦當後日而出無先出後入之理此未知歷法徒執一日以言先後出入也不知金星五百八十餘日順逆兩合雖附日而行恆有二百九十日行太陽之東二百九十日行太陽之西當其行太陽之西先日而出晨見東方時則謂之啟明當其行太陽之東後日而入昏見西方時則謂之長庚請以此質之邃於經學者

太白晝見與日爭明主將强若太白經天是爲亂紀人

叙流亡、

太白過午爲經天、梅氏文鼎曰、金星繞日爲輪、非不過午、過午必與日偕、爲日光所掩、故不見也、若日光微、星光盛、在晝漏明、是爲晝見、若在午地、則爲經天、

按金星退度至午則伏、若徑行至未、是爲經天、亦不當退而退者也、

辰星、

辰星北方水之精也、元武之宿、主刑殺、以其正四時之法、故得與北辰同名、與太白皆附日而行、出以辰戌八

以丑未晨候之東方夕候之西方、

舊法謂水星常以春分見奎婁秋分見角亢夏至見東井冬至見牽牛者彼一時也水星去日躔縱遠不過三十度今春分日躔室八水見奎不見婁秋分日躔翼八水見角不見亢惟夏至日躔參七水見東井如故冬至日躔箕初水見南斗不見牽牛歲差使然也學者必隨時考驗無徒執史漢緒餘以談星象致有刻舟求劍之謬、

辰星與太白合爲變謀與歲塡熒惑鬬爲内亂、

四餘

天元歷理四餘非古也，相傳來自西域，唐初瞿曇撰九執歷，始有此術，皆有度無象，用之實有奇驗云，

徐氏蒙求月行八道之斜出於黃道者，首尾各有一交，首為羅睺，以其近日曰為火精，故羅為火之餘，尾為計都，以其常當地影，得土之精，故計為土之餘，孛生於月，月為水精，故孛為水之餘，炁生於閏，閏由歲定，木行與歲相應，故炁為木之餘，

夢溪筆談西天法羅睺計都，皆逆布之，乃今之交道也，

交初爲羅睺交中爲計都

交道月道交於黃道也月行天一周交於黃道者二其始從黃道內出外月道自北而南在黃道上斜穿而過謂之正交自正交行九十一度離黃道南六度再行九十一度又自黃道外入內月道自南而北亦斜穿黃道而過謂之中交中交後行九十一度離黃道北亦六度再行九十一度又自黃道內出外復爲正交日月之食即在兩道交處日食月掩日也月食日衝月也合朔時月與日同道同度日爲月掩而日

食對望時、日與月對道對度、月當日衝而月食按日食有內外道之辨月行內道自北出南食每驗月行外道自南入北食每不驗月食舊謂日光在外其中實暗對道對度月正當其暗處故食所謂暗處也西法謂月食由地影障隔蓋日月同在一線遂爲地所隔而成食梅氏曰地影之說肇自泰西驟言之若可駭細審之確有實據然必於歷學深究其根乃知其言爲不謬、

瑞星

瑞星有六、一曰景星、德星也、或曰紫燕見、卽爲景星、狀如半月、生於晦朔、王者不私人則見、一曰周伯、其色黃煌煌然、所見之國大昌、一曰含譽、光輝似彗、國有喜、含譽射之、一曰格澤、狀如炎火、下大上銳、色黃白、見則五穀大熟、一曰歸邪、似星非星、似雲非雲、一曰天保、有聲如炬火下地、六者皆五行沖和之氣所生也、

又有客星四種、一曰老子、明大純白、一曰王蓬絮、狀如粉絮拂拂然、一曰國皇、大而黃白、有芒角、狀類南極、一曰溫星、色白、狀如風動搖、常出四隅、老子見休

咎牟之餘皆凶此與瑞星惡錯出於五緯之間其見無期其行無度各以其光象辨之

彗孛

彗孛者一方淫毒之氣所生也皆主非常之變孛爲尤甚孛之狀蓬蓬勃勃光芒四出彗之狀如放烟花短者數丈長者竟天光芒所及爲災又爲除舊布新之象見於治極時則亂見於亂極時則治未有百日不滅者

別有流星天使也自上而下曰流東西横行亦曰流流星之爲天鴈爲天保則祥爲地鴈爲營頭則妖夜

奔而為天狗、厥妖彌大、自下而上升者曰飛、飛星化為天刑則祥否則妖、

妖星

五星之精散而為妖、木星之精為天槍、狀如彗長二三丈、出西方為國皇、大而赤、狀如炬火、去地二三丈、火星之精為昭明、大而白、如太白、然無芒、不行、或乍上乍下、為蚩尤旗、類彗而後曲、為天欃、其長數丈、出西方、土星之精為五殘、大而黃、出正東、為六賊、大而赤、出正南、為獄漢、青中赤表、下有三彗、出正北、皆去地五六丈、又為

旬始、狀類雄鷄、出北斗旁、金星之精、爲天狗、如大流星、旁有短彗、下地如狗形、木星之精、爲枉矢、色黑如有毛、狀類蛇行、其長數尺、

別有天鋒、彗屬也、形似矛鋒、濛星、赤如牙旗、長短四面、西南最多、蓬星、大如二斗器、色白、出東南、長倉如一疋布著天、長星、狀如匹練、出西方、藏光、如月始出、大而赤、去地二丈、積陵、出西南、長三丈、華星、出西北、狀如環、凡此皆五行乖戾之氣所生也、又月旁妖星亦五星之精所化、各以其色辨之、

五星所行合散犯守陵歷鬬食彗孛飛流及日月薄蝕暈謫璚背螮蝀風雷怪雲變氣皆陰陽五行之氣之變其本在地發乎天而應乎人者也人稟天地之氣以生氣吉則吉氣凶則凶世有生同時日吉凶各判者所居之方不同所受之氣斯異所謂命也命者何即人生之初所受於陰陽五行之氣也古之善葬者深明此理必擇乎日月五星之吉下臨上載反天氣以入地中使接續生氣以返元陽其靈氣所鍾秀氣所毓遂福及生人故曰造命也但日月五星雖有

常度可推而晴雨妖祥非可預測苟忽而值此則必辨其吉凶以決趨避、春秋己丑葬敬嬴雨不克葬庚寅日中而克葬丁巳葬定公雨不克葬戊午日下昃始克葬君子善之善其以久定之期值天變而臨時遷改也改則天光發新不改則變氣爲厲周葬王季值水齧葬定公值雪皆改期另葬自後世人心澆漓畏難苟安此義遂亡自術數禁忌之說起此義愈晦嘗見烈風雷雨天地震動山嶽搖播孝子慈孫竟有違此良時草率以葬者律以春秋之義殆與棄親屍者等葬書地吉葬凶與棄屍同此其人或綿於天選擇者誤為之造福是為逆天天必縣焉示變歟其吉而構之凶天之所奪人不能强予之也然天定勝人人定亦可以勝天呂氏春秋言宋景公有至德之言三熒惑為之避舍天命雖凶夫嘗不可以挽回吾願候星者慎其所與以聽命於天又嘗勸人修德以自結於天斯和風麗日景星慶雲羣為獻瑞矣

選擇辨正卷之六

歷法約編　　一圜主人輯

歷家舊法槪用九章算法發斂乘除率多煩冗積元累策動致乖違茲編務求簡約爲候星者探其源非作歷法也

度法

周天十二宮宮各三十度度各六十分皆得整數者宮度宮分也度有多寡分有奇零參差不齊者宿度宿分也皆謂經度渾天寶照幅隘難析當別作度分表幅十

有二爲十二宮直格三十爲三十度橫行六十格爲六十分宮起初度訖二十九度度起初分訖五十九分列宿則據現在歲差度分布列各宮其末度各有零分非表莫悉此治歷要務也

古以周天三百六十爲經度以日躔出入赤道南北各二十四爲緯度赤道南北各二十四卽二十四炁所由分歷家因以日躔所至立盈縮限爲南北進退度故太陽不用緯度太陰又五星則以出入黃道南北各數度者爲緯度五星自最高下行過中距則出

南最卑上行過中、距則入北、太陰自交初交東出入南北緯與此同、據歷象考成、木北緯一度、三十八分南緯一度、四十分、火北四度三十二分南六度四十七分土南北各二度四十六分金各九度二分、水各三度三分

歲差

歲差者、列宿東旋之限也、古惟隨時考驗堯典夏小正月令諸篇所載中星即考驗歲差之法、後世別立差法其著十年差一度諸說紛紛迄無定論、國朝數理精蘊始定爲七十年有奇差一度唐堯甲子冬至日躔虛、六度今同治甲子冬至日躔箕初度、四千一百四十年

差五十八度其法適合

按同治甲子年冬至日躔限箕初度三十六分以每年東旋五十一秒計之當在道光丙申八箕初度五十九分陸靜庵輯古算經詩嘉慶戊辰冬至日躔在箕一度二十四分戊辰至丙申二十八年恰行一二十四分八箕初度五十九分丙申至甲子亦二十八年東旋一千四百二十八秒冬至日躔恰在箕初度三十六分甲子至甲戌十年東旋五百一十秒冬至日躔當在箕初度二十七分有作十二三分者七政臺法也謝清高海錄西洋歷法人今中國冬至後十日為歲始即元日也烏程陳杰曰西夷歷以三百六十五日二四二一

八七五為歲實不及六十年即差一度並法取太陽過宮行最卑之日為元日以此為盈縮起算之端則可於欽若授時之本則甚外也

置閏

古有排章置閏表十九年為一章　國朝順治元年甲申值下元第一章今同治十一年壬申為下元十三章每章七閏先以三年一閏者三繼以兩年一閏者一又以三年一閏者二繼以兩年一閏者一謂之經閏西夷月法不論合朔與否其月內大小日數則正月三月五月七月八月十月十二月各三十一日四月六月九月十一月各三十日惟二月止二十八日每四年於二月內閏一月計一百二十八年閏三十三日

置閏之法始自唐堯以齊炁朔之不齊也每年炁朔各十有二炁於三百六十外多五日有奇為盈朔於三百六十內少五日有奇為虛以炁之盈合朔之虛歲餘十日有奇積三歲得三十餘日五歲積五十餘日積至數年歲時失序矣上古無歲可稽求成歲也歲之不成因時未定也至是乃以月無中炁斗指兩辰之間者為閏月而後四時定歲功成始有歲可紀故曰以閏月定四時成歲經七閏而炁朔分齊是為一章此法至今不忒惟所閏之月逐漸下移

節氣

氣法即日法也以今年此節此氣定明年此節此氣訣云欲識來年春五日三時尋逢刻退一刻逢分加五分數盈休退步日入必超辰刻若初初值艮時正二更如今年立春在正月丙寅日寅時初二刻三分加五日三時退一刻加五分便知明年立春當在辛未日巳時初一刻七分二十四氣皆倣此推之

舊法歲三百六十五日四分日之一以二十四氣平分每一節氣作十五日二十一刻有奇今法冬夏不

一日也此以爲朔則失之太遲蓋古用平朔雖係日月相會大綱而盈縮異度遲疾異行尚未是日月眞會故漢晉史志每有日食不在朔而在晦或在朔之次日者皆失朔也非變也

經朔

經朔即平朔也法以前九年每月朔日辰推後九年每月朔日辰訣云大幹五枝九小幹四枝八順數九年前神仙經朔法如前九年正月朔日係甲子大月則從甲順數五位得戊從子順數九位得申即知後九年正月

朔日係戊申小月則從甲順數四位得丁從子順數八位得未即知後九年正月朔日係丁未餘倣此

前九年正月朔日至後九年正月朔日合閏月共九十九月得二千九百二十五日除四十八周甲子整數餘四十五日是由前九年正月朔日長加四十五日即得後九年正月朔日辰也蓋古以十二月平分以二十九日五千三百零五八爲朔實一大一小相間謂之平朔東漢劉洪作乾象歷始知月有遲疾北齊張子信積候二十年始知日有盈縮唐初傅仁均

乃以月行遲疾與日行盈縮相權謂之定朔李純風麟德歷始用之僧一行大衍歷又發明之於是始有四大四小之月定朔與平朔有差至一日之時然必先得平朔而後可以求定朔今曰經朔蓋合朔常數也得此常數再以遲疾盈縮加減之斯得定朔矣

太陽

太陽行度三百六十五日二十三刻五分有奇而一周如今年冬至日躔起星紀初度初分至明年冬至三百六十五日二十三刻五分已足日躔復至星紀初度初

分是爲一周天即歲策也當與歷法參看、舊法太陽日行一度今惟雨水驚蟄寒露霜降日行一度立冬至立春日加一分春分清明秋分白露日減一分穀雨立夏處暑立秋日減二分小滿至大暑日減三分此冬縮夏盈之畧也每節歷中又各有加減霜降大雪小寒加一分冬至穀雨芒種加二分大暑小暑加三分春分雨水加四分小滿加五分立夏小雪減二分驚蟄清明減三分立春立秋減五分白露寒露減七分立冬減八分惟夏至處暑秋分大寒

無加無減、

太陰

太陰行度二十七日、三十一刻、有奇而一周、古以極疾爲周天、靈
犀靡譜、獨以極遲爲周天、訣云、青天有月起何時、我亦
停杯欲問之、昨夜廣寒探十字、畫欄花影正遲遲、十字
即字也、周天之際、其行極遲、日行十一度、四十餘或五十餘分、
約二日餘而初平、日行十二度餘、約三日餘而次平、日
行十三度餘、約三日餘而初疾、日行十四度餘、或十五度約
四日餘而極疾、又四日餘而疾末、如次平之度、又三日
餘而平末、如初平之度、又三日餘而初遲、如遲末之度

又二日餘遲極而周天、

太陰每周爲一輪、古謂月轉疾行至十五度者三輪十四度者四輪又十五度者三輪十四度者五輪共十五輪周而復始每輪復各衍五輪、其七十五輪析爲四段、三段十八輪、二段十九輪、三段十八輪、四段二十輪月周一輪歲周十三輪凡五歲餘而大周、每日除整度外、各有零分自遲極起、逐日累加、加至疾極則反減、逐日遞減、減至遲極則又加、加數與減數必符三輪者、加減各二百分有奇、四輪者多作百七十四十五十八十、五輪者皆百八十五十四十六十九十、此新法亦古法

也唐王孝通戊寅術以進加退減歷測太陰所行即是此法

五星

五星行度皆起於合伏合伏之際其行極疾疾而遲遲而留留而退退而復進則又留留而遲遲而疾疾則復合以遲疾進退之漸而分之則有初末之不同晨夕之各異木火土三星留則與太陽三合退則與太陽正衝合伏後行太陽之西晨則見正衝後行太陽之東夕則見金水二星附日而行其退不與太陽衝仍與太陽合順

合後行太陽之東夕見於西方退合後行太陽之西晨見於東方與日同度曰合與日對度曰衝近日不見曰伏東行曰順西行曰退不東不西曰留五星極疾木星日行十五分火四十八分土八分金七十六分水一百餘分（水星三輪上一百零八分中一百十六分下一百十二分）皆漸遲至一分而留退（水星有二分三分五六分者）初退一分木至八分火至二十四分土至六分而衝金至三十六分水至六十三分而退合皆退至一分而留順初進一分各疾至極疾

之分而復合

木星

木星合後一百三十六日、四十二刻四分、進二十一度、二十一分、西距太陽一百一十五度而晨留、留五日而退、晨退五十八日、四十八刻、退四度三十四分又一分而衝、夕退同、共一百一十七日、退九度九分、東距太陽一百二十度而夕留、留五日而順、順進日度與合後同、共三百九十八日、八十八刻四分、進三十三度三十三分而復合、十三年、又三百一十五日而周天

舊法三百九十八日八千八百分行三十三度六十三分七秒五而一合以今法折之得三百九十八日八十四刻八分行三十三度八分四十八秒零

火星

火星合後三百四十七日四十刻零九進二百一十四度一十四分西距太陽一百三十度而晨留留二日而退晨退四十日四十八刻退九度五十分而衝夕退同共八十一日退十九度四十分東距太陽一百三十二度而夕留留二日而順順進日度與合後同一日少共七

百七十九日八十一刻二分進四百零八度四十八分而復合一年又三百二十一日九十三刻一周天舊法七百七十九日九千三百九十分行四百一十四度六十九分零四而一合今法得七百七十九日八十一刻二分行四百零八度四十八分與歷譜合

土星

土星合後一百二十日四刻四分進九度四十分西距太陽一百一十度而晨留留五日而退晨退六十四日四十八刻退三度三十三分又一分而衝夕退同共一

百二十九日，退七度七分，東距太陽一百一十五度，而夕留，留五日，而順，順進日度與合後同，共二百七十八日八刻八分，進十二度十二分，而復合，二十九年又一百一十五日二十五刻一周天。

舊法三百七十八日九百一十六分，行十二度八十四分而一合，今法得三百七十八日八刻八分，行十二度三十八分零。

金星

金星合後二百七十日四十三刻五分，進二百九十四度三十三分東距太陽三十度而夕留一日而退夕退三十日四十八刻退七度四十分而合晨退同共四十一日退十五度二十分西距太陽二十八度而晨留留一日而順順進日度與合後同共五百八十三日八十六刻九分進五百七十三度四十六分而復合一年一周天

舊法五百八十三日九千零二十六分行五百八十三度九分零二而一合今法得五百八十三日八十六刻九分行五百七十三度五十一分零

水星上中下三輪

上輪合後四十二日四十二刻一分進五十七度三十二分東距太陽十六度而留退夕退十一日四十八刻退七度十四分而合晨退十一日四十八刻退七度三十三分共二十三日退十四度四十七分西距太陽二十八度而留順四十九日四十二刻進七十一度十五分共一百一十四日八十四刻一分進一百一十四度而復合

中輪合後四十五日四十二刻進六十六度五十六分

東距太陽二十一度而留退夕退十一日四十八刻退七度二分而合晨退十日四十八刻退六度四十分六二十二日退十三度四十二分西距太陽十六度而留順順四十一日四十一刻十四分進五十五度四十一分共一百零八日八十三刻十四分進一百零八度五十五分而復合

下輪合後四十八日四十二刻二分進六十八度退八分東距太陽二十度而留退夕退十一日四十八刻退七度五十二分而合晨退十一日四十八刻退七度二

十一分、共二十三日、退十四度十三分、西距太陽二十度、而留順、順四十九日四十二刻一分、進六十六度五十一分、共一百二十日八十四刻三分、進一百二十度、二十九分、而復合、一年一周天、

舊法一百一十五日八千七百六十分、行一百一十五度八十七分六秒而一合、每歲三合、今作三輪、尤爲精密、

四餘

四餘起箕初尾末、皆以旬計、不以日計、以分計、不以度

計與舊法異

舊法紫炁二十八日行一度、月孛九日行一度、羅計十八日半行一度、乾隆甲申、改用今法、

紫炁

紫炁起箕初順行、每旬行二十一分、日行二分六秒、五旬則減一分、歲行十二度二十九分二十八年一周天、天度二萬一千六百分、二十八年合十閏得一千零三十八旬、每旬二十一分、當行二萬一千七百九十八分、五旬減一分、轉歉九分、宜一百一十五旬則少

滅一分恰足二萬一千六百分之數而周天、

月孛

月孛亦起箕初順行有遲有疾疾行五旬行六度遲行旬一度歲行四十度九年一周天

孛星極疾旬行七十一分二旬則減一分以次而減至旬行六十二分而遲極又二旬而加一分以次而加至旬行七十一分而疾極總計九年得三百二十四旬而周天、

羅計

羅睺計都起於尾末對度逆行每歲中兩遲兩疾歲行十八度五十餘分十八年又一百八十日而周天

羅計三輪遲留後皆旬行一分或三分二分次數分十餘分二十餘分漸至三十餘分四十餘分五十餘分極疾則六十餘分凡三旬而又減旬行五十餘分四十餘分三十餘分漸至二十餘分十餘分數分一分而復留留處卽交初交中也十八年半合閏月共六百八十七旬而周天

予嘗留心天文曆數之學因上求之經傳史策及百

家紀載之書、漱其芳潤、擷其英華、手披筆記、日不暇輟、如是者若干時、輒不可得、又下求之陰陽卜筮星命等書、率俱鄙可笑、亦間有可采、尋糠中之米、撿沙中之金、輯而存之、以備一說、如是者又若干時、亦不可得、因出而求之天下士、或懷贄尋師、或叩門訪友、與老師宿儒游、兼及江湖緇羽之流、即一知半解片、語隻詞、必窮其究竟、探其根源、退則筆之於書、如是者又若干時、始稍稍得其法、歸而獨處一園、當風亭月榭之間、鳥語花香之際、焚香默坐、神與天游、兩夕

風長每忘寢食如是者又若干時始稍稍得其理由
是出入所得之簡編得之傳聞得之冥悟者參觀而
合究之而後知歷理雖深歷術實淺著書立說者往
往以深文出之一切俚俗淺陋之說輒鄙夷不屑道
故其說僅見於諸般雜書而經史傳記轉不載其法
僅傳於九流雜術而文人學士皆不知此編雖泥沙
並下玉石兼收難躋大雅之堂然諸法略備亦可為
窮鄉僻壤有志歷學者躋堦之一助

選擇辨正卷之七

日知錄　顧寧人炎武著　一園主人輯

選擇家以干支二十二名推論神煞杳無根據茲元歌所爲一洗而空之也今欲採輯經史以證干支之謬及讀顧公此書則先我爲之矣因摘錄若干條庶閱者憬然思釋然悟

爾雅疏甲至癸爲十日日爲陽寅至丑爲十二辰辰爲陰此二十二名古人用以紀日不以紀年年則自有閼逢至昭陽十名爲歲陽攝提格至赤奮若十二名爲歲

名、周禮哲簇氏掌十日、十有二辰、十有二月、十有二歲之號、日謂從甲至癸、辰謂從寅至丑、月謂從陬至荼、歲謂從攝提格至亦奮若、後人謂甲子歲、癸亥歲、非古也、自漢以前、初不假借、史記歷書、太初元年、年名焉（字即閼）逢攝提格、月名畢聚、日得甲子、夜半朔旦冬至、其辨晰如此、呂氏春秋序意篇、維秦八年、歲在涒灘、秋甲子朔、賈誼鵩賦、單閼之歲兮、四月孟夏、庚子日斜兮、鵩集于舍、許氏說文後序、粵在永元困頓之年、孟陬之月、朔日甲子、皆用歲陽歲名不與日同之證、資治通鑑周紀一、起著雍攝提格、盡玄黓困頓、亦用古法、自經學日衰、人趨簡便、乃以甲子至癸亥代之、子曰、觚

不觚此之謂矣、

按古以正月爲陬、二月爲如、三月爲寎、四月爲余、五月爲皐、六月爲且、七月爲相、八月爲壯、九月爲玄、十月爲陽、十一月爲畢、十二月爲荼、以閼逢旃蒙柔兆彊圉著雍屠維上章重光玄黓昭陽爲歲陽、以攝提格單閼執徐大荒落敦牂協洽涒灘作噩閹茂大淵獻困頓赤奮若爲歲名、升庵集古之干支、只用書日、不以紀年、紀年則用歲陽歲名、故司馬公通鑑紀年以閼逢攝提格等名、蓋有存古之義、不知者議之、以

為不若直用甲子乃不學之過也

宋劉恕通鑑外紀目錄序庖犧前後逮周厲王疑年茫昧借日名甲子紀之是則歲之用甲子也借也何始乎自王新始也王莽下書言建國五年歲在壽星蒼龍癸酉又言天鳳七年歲在大梁蒼龍庚辰明年歲次實沈蒼龍辛巳隋書歷律志王莽銅權銘歲在大梁龍集戊辰又龍在巳巳歲次實沈自此後漢書張純傳言攝提之歲蒼龍甲寅朱穆傳言明年丁亥之歲荀悅漢紀言漢元年實乙未也曹娥碑元嘉元年蒼龍在辛卯蜀

郡造橋碑維延熹龍在甲辰而張角訛言蒼天已死黃天將立歲在甲子天下大吉以白土書京城寺門及州郡官府皆作甲子字矣

王莽詐爲符命攘竊漢鼎其法已是大謬然當時稱歲在壽星歲在大梁實據歲星言之謂是年歲星在某次非謂紀歲之歲也故以甲子代歲陽歲名則稱龍以別之至張角假鬼神時日以惑衆訛言歲在甲子直誤以歲星之歲爲歲陽歲名之歲其謬已極後世文人學士承而用之遂延誤至今而不知實始於

左道之誣言也選擇家以七政之本於經史者不知用以甲子之始於王莽張角之徒者競用之何不自愛如此也

以臣乎名歲雖自東漢以下然其時制詔章奏符檄之文皆未嘗正用之其稱歲必曰元年二年稱日乃用甲子如己亥格庚辰制壬午兵之類皆日也惟晉書王廙上疏言臣以壬申歲見用爲鄱陽內史按懷帝以永嘉五年辛未爲劉聰所執愍帝以建興元年癸酉即位中間一年無主故言壬申歲後代之人無大故而效之非

也李鼎上書亦言臣去乙亥歲拔當時畧據隴西改元庚子不用晉年號故言乙亥歲晉書中以甲子名歲者僅兩見

或疑通鑑言包犧作甲歷干支相配六甲一轉天度一周年以是紀而歲功成月以是紀而朔望定晝夜以是紀而時日分似年月日皆用甲子紀之矣不知六甲一轉天度一周明屬紀日非紀年月也商書惟元祀十有二月朔乙丑乙丑日也歲則惟書元祀周書惟十有三年春大會於孟津下文戊午王次於河朔戊午日也歲則惟書十三年固知古人只以紀日

不以紀年也、

自三國鼎立、天光分曜而後、文人多舍年號而稱甲子、

魏程曉贈傅奕休詩龍集甲子、四時成歲、晉張華感婚

賦方今歲在巳巳、將次四仲、陸機愍懷太子誄龍集庚

戌日月改度、陶潛祭從弟敬遠文歲在辛亥、月惟仲秋

自祭文歲惟丁卯、律中無射、後周庾信哀江南賦粵以

戊辰之年、建亥之月、梁陶隱君眞誥亦書巳卯歲、至杜

預左傳集解後序則追言魏哀王二十年太歲在壬戌

癸吳後主國山封禪文旃蒙協洽之年月、次陬訾之日、日躔重光大淵獻、凡諸稱辛亥、而省用歲陽歲名、則

又失之、吳後主以歲陽歲名稱日聞者笑之後世以日辰名歲月恬不知怪者狃於俗也始因謬談生尅假托鬼神以紿蠻夷後遂轉爲中國病是所望於讀書明理者援古證今明白辨晰以曉之漢翼奉等作日辰神煞以紿畢于唐僧一行輩復增添宜忌以佑回紇謂之滅蠻經

商毋乙卣友丙寅王錫口見朋用作毋乙彝丙寅者日也古鐘鼎之文多有日而不月者六經中亦有之詩吉日庚午是也博古圖乃謂商建國始於庚戌歷十七年而有丙寅在仲壬卽位之三年

則鑿矣豈非迷於後世之以甲子稱歲而欲以追加之古人乎、杜元凱序左氏傳追言魏哀王二十年太歲在壬戌、復溯至魯隱公元年以爲己未歷家因之以甲子追加於周於商於夏於唐虞謂堯以甲辰卽位按竹書紀年堯元年爲丙子甲辰冬至日也、二十一年甲子冬至日躔虛六度謂之長歷學者不察直謂唐虞以來皆用甲子紀歲矣、春秋之世各國皆自紀其年發之於言或參互而不易曉則有舉其年之大事爲言者如會於沙隨之歲叔仲惠伯會郤成子於承筐之歲鑄刑鼎之歲晉韓宣子爲政聘於諸侯之歲是也如湨粱之明年亦是又有舉歲星者如歲五及鶉火歲及大粱歲在陬訾之口者從後人言之則何不曰甲子也癸亥也是知古人不用以紀歲也

甲子紀月自古所無建子建丑建寅建亥之說以黃昏時斗柄所指地盤之方位言之建立也言此數月十柄懸在下如樹立者然故曰建餘皆稱指非月之名子名丑名寅名亥也若以甲至癸亥日之名加於每月黃昏斗柄所指之辰以爲甲子月癸亥月則光經史所未有世俗以年月干支

推論生克讖謂年上吉神月上凶煞某年某利某月大利者直是癡人說夢

古無一日分爲十二時之說洪範言歲月日不言時周禮言十有二歲十有二月十有二辰十日二十有八星之位不言時屈子自叙其生年月日不及時呂才祿命書止言年月日不及時唐李虛中以人生年月日所值干支推人生死禍福百不失一初不用時自宋以後乃並其時參合之謂之八字見謝肇淛五雜俎

選擇諸書有所謂吉課者卽造葬年月日時所值之干支謂之四柱曰三合六合曰祿馬貴人一如八字

式以爲楊公所用，不知當楊公時，卽祿命家尚未有用四柱者，明屬後人僞托，不足信也。楊公所用，自有渾天寶照之法在。

古無所謂時，凡言時，若堯典之四時，左氏傳之三時，皆謂春夏秋冬也。故士文伯對晉侯，以歲時月日星辰謂之六物。荀子曰：積微，月不勝日，時不勝月，歲不勝時，亦謂春夏秋冬也。自漢以下，歷法漸密，於是以一日分爲十二時，不知始於何人，而至今遵用不衰。

吳越春秋子胥曰：今日甲子，時加於巳。范蠡亦言日加卯卯似一日十二時春秋時已有之史記天官書南極一星秋分之曙候於景、景丙也、春分之夕候於丁是地盤二十四方古亦有之自漢以後歷家漸用二十四時以天盤太陽到地盤某方即屬某時也左氏傳卜楚邱曰日之數十故有十時杜預注以爲十二時雖不立十二支之目然其曰夜半者即今之子也雞鳴者丑也平旦者寅也日出者卯也食時者辰也隅中者巳也日中者午也日昳者未也晡時者申也日入者酉也黃昏者戌也人定者亥也一日分爲十二時始見於此史記天官書旦至食食至日昳日昳至下晡下晡至日入素問藏氣法時論有曰夜半曰平旦曰日出曰日中曰日昳曰下餔吳越春秋有時加雞鳴時加日出時加日昳時加禺中則此十二時古有之矣

古一日十時亦以甲至癸十名稱之晝夜各五時其法似從昏起故甲乙丙丁戊謂之五夜每夜五更是其遺法也更易也言因時變易刻漏也今晝夜十二時每夜仍用五更刻漏安得盡合耶

漢書五行志言日加辰巳又言時加未翼奉傳言日加

申又言時加卯卯吳越春秋亦言時加於巳周髀經亦有加卯加酉之言若紀事之文無用此者南齊書天文志始有子時丑時亥時北齊書南陽王綽傳有景時午時景時者丙時也

日時加某云云卽測天之法如周髀渾儀之屬以天盤日躔所坐之度逐時加於地盤十二支方位視太陽到某方爲某時渾天寶照卽其遺製也如是日日躔角一度夜半時以天盤角一度加於地盤子上爲時加子日中時以天盤角一度加於地盤午上爲時加午後世直以時加於子爲子時時加於午爲午時

術家復加以甲至癸十日之名謂之甲子時戊午時、則謬矣、

歷家天盤二十四時、有所謂艮巽坤乾者不知其所始、按淮南子天文訓子午卯酉爲二繩丑寅辰巳未申戌亥爲四鉤、東北爲報德之維、東南爲常羊之維、西南爲背陽之維西北爲蹏通之維、又云、斗指報德之維則立春指常羊之維、則立夏指背陽之維、則立秋指蹏通之維則立冬、四維、卽所謂艮巽坤乾也後人省文取卦名當之爾、

歷家二十四時在地盤不在天盤天盤止有十二宮地盤始有二十四方以天盤太陽到地盤某方卽屬某時艮巽坤乾在洛書九宮亦只是地盤不是天盤雖淮南子以此訓天文觀其二繩四鈎之說當是渾天儀四角懸挂維繫之狀卽斗指某維亦謂天盤斗柄指地盤艮巽坤乾方位也

一日十二時計刻則以百刻爲日靈樞經漏水下百刻以分晝夜說文漏以銅受水刻節晝夜百節隋書天文志黃帝創觀漏水制器取則以分晝夜其後因以命官

周禮挈壺氏即其職也其法總以百刻分於晝夜梁天監六年帝以晝夜百刻分配十二辰辰得八刻仍有餘分乃以晝夜爲九十六刻一辰有全刻八焉漢哀新莽以百二十刻爲日梁武以九十六刻爲日

古用萬分日法蓋一日析爲十時時析十刻故有百刻刻析百分故有萬分其法本自明白自漢以來一日分爲十二時百刻萬分之法仍泥於古而不變故辰得八刻仍有餘分其法遂不易曉五代之際遂至晝夜昏曉皆失其正宋邵康節皇極數又析一日爲

十二萬分朱子曰即萬分已自多了他如何肯用十
二萬分故今法止用九十六刻刻析十五分計一日
得一千四百四十分較古法十省八九朱子已早見
及此矣

附銅壺滴漏法

按會典宋志有求壺複壺廢壺建壺及平水壺之制
本朝因前朝舊制播水壺三形方承以木架上曰天壺
即宋之求壺水欲常滿上濶一尺九寸下濶一尺三
寸高一尺七寸次名夜天壺即宋之複壺三名平水

壺高潤皆遞減一寸分水壺一如平水壺之度置平
水壺後稍下即宋之廢蓋壺受水壺一形圓徑一尺四
寸高三尺一寸置架前平地上名萬水壺即宋之建
壺播水三壺前面近下皆有龍口以次漏於萬水壺
平水壺後面近上開孔洩於分水壺以平其水而均
其漏萬水壺蓋安銅人抱時刻漏箭下安箭舟浮於
水面水長則箭上出周日水盈箭盡則啟其下口洩
水於池而時刻復起午正壺安室內各設水蓋龍口
小管以玉為之按漏箭有浮沒兩法孔穎達謂浮箭

壺內以出刻爲準、賈公彥謂漏水壺中以浚箭爲度、
雖浮浚不同、其節時分則一也
三代以前擇日皆用干、郊特牲郊日用辛、社日用甲、召誥
丁巳用牲于郊、戊午乃社于新
邑、則郊不必用辛、社不必用甲、詩吉日惟戊、既伯既禱、
穀梁傳、六月上甲始庇牲、十月上甲始繫牲、月令仲春
上丁、命樂正習舞釋菜、仲丁、命樂正入學習樂、季秋上
丁、命樂正入學習吹、春秋秋七月上辛大雩、季辛又雩、
是也、秦漢以下、始多用支、如午祖戌臘、三月上巳祓除、
及正月剛卯之類是也、盧植月令說、甲至癸日也、子至

亥辰也郊天陽也故用日藉田陰也故用辰蔡邕月令章句云日幹也辰枝也有事於天用日有事於地用辰此漢儒之說政之於古無用支之證夏小正二月丁亥萬用入學二月不必皆有丁亥蓋夏后氏始行此禮適值丁亥而用之謂以支取亥者非十干爲日所以紀日之十數古無初一初二之目惟以甲至癸十名紀日初旬稱上中旬稱仲下旬稱季以別之十二支爲辰所以界天之十二宮日自日辰自辰不相涉也何古人紀日則合而演之其合也借也僅以十干紀日太促而難分因借宮辰之名以配之斯取數寬而人易辨即通鑑疑年茫昧

借日名以紀之之義、而其用實不在支、故虞書祇言辛壬癸甲、三代擇日亦僅辨剛柔也、月令言其日甲乙、其日丙丁、未嘗曰其日子丑、其日寅卯、自經學日衰、人不稽古、於是遂有以辰名紀日、而直以爲子日丑日寅日卯日者、

解縉封事言治歷明時、授民作事、但申播種之宜、何用建除之謬、方向煞神、事甚無謂、孤虛宜忌、亦且不經、東行西行之論、天德月德之云、臣料唐虞之歷、必無此等之文、所宜著者、日月之行、星辰之次、仰觀俯察、伏合順

逆七政之齊、正此類也、

姚秋農先生陽宅闢謬云吉凶諸神煞創自術家敏杀亂紛紜拘而多忌嘗考公劉于豳胥宇祇根陰陽衛文望楚營宮惟言星日方向之神煞固涉荒唐日時之神煞尤屬僞造宅運吉則雖凶煞不靈宅運凶則遇吉神罔效榮枯生死須辨天心蔣氏所謂游年卦例禍福不兆豈欺我也是知選擇必歸重天星不在談神道鬼之謬法也

三代以上人人皆知天文七月流火農夫之辭也三星

在天婦人之語也月離于畢戍卒之作也龍尾伏辰兒童之謡也後世文人學士有問之而茫然不知者矣若歷法則古人不及近代之密

近世士大夫惟高談濶論是務輒視天文歷數之學爲小道而不爲故其法徒寄於山澤之癯方外之士文人學士咸視天夢夢問以星象皆不知即間有一二講求遺法者率多拘執古本其甚者復矯枉過正類不適於時其挾南車走四方以謀衣食者又恆昏迷于天象而專究心於荒杳無稽之神煞以文其陋

而售其技遂使選擇諸書同於鬼籙七政四餘有不知爲何物者又安望其得陰陽五行之正爲人造福哉蔣公所爲於地理辨正之後又大聲疾呼而有天元選擇之著歟

近人選擇率用年月日時之干支不知古人作干支祇以紀日不以紀年紀月紀時也昔人絕不用此吉凶內外但辨剛柔修造葬埋惟言星日藉日精月華之瑞發崧生嶽降之靈以福生民以輔氣運此陰陽之學高出術數禁忌之以干支論生克推神煞者不

啻萬倍今觀其法轉多勦襲諸家牽掣傳會荒誕支離而不當理者何哉正學未得其傳假之他術以文其陋也一人興其波衆人助其瀾遂至滔滔皆是眞若天地間無時無處不有無數鬼神伺察於干支二十二字之旁苟用一字上而天神下而地祇中而人鬼莫不畢集此理之必不可信也理不可信卽法不可通外理而談術數世之愚也昧理而信神煞俗之惑也地理之論神煞不過曰正神零神宮神照神山煞水煞風煞是數者有形者也天地之氣附乎形天

地之靈著於氣干支二十二字其名也無形者也無形則無氣無氣則無靈無靈安得有神安得有煞王仲任論衡云積分爲日累日爲月連月爲時紀時爲歲此日月積聚之名爾何故有神立於其位乎卽謂有神神莫大於日月用莫妙於五星何俟乞靈干支以乘神煞哉世有以此搆禍者非神煞也天也亦人也人作不善天降百殃術者輒假神煞以給之且多創爲詭異怪誕之名以嚇之於是遂有久殯不葬棺槥朽壞竟同棄屍者不有浹旬不殯尸變臭腐人莫

敢近者孝子慈孫覩而覩之其額不泚何哉畏禍心甚仁孝之心遂泯也使術者以爲可殯可葬子若孫未有不殯不葬者吾願大千世界恆河沙數之地師打破疑團同遵正路無忌神煞無拘干支殯不出三日葬不過踰月其功德當與掩暴露之屍骸同一浩大也

選擇辨正卷之八

造命式

一閭主人輯

選擇之有造命、仙乎神乎、技至此乎、予用之三十餘年、眞覺天光發、新地靈效、順陰陽在抱、造化從心、略舉數條爲式、願學者同造無疆之福也、

天元造命法、惟用渾天寶照、候日月五星到山到、向拱夾合照、俾死者稟受陽光、復生吉命、以返元陽、故不用亡命生命、全不用四柱、以造命元機、不在干支生克也、諸圖式、天盤不具三垣列宿、及宮辰度數、惟界一天河、

知天河起訖垣宿宮度自宛然在目、所謂天河轉運者、即此七政四餘惟檢成局照穴者列之其未入局、與忌難諸星遍不列載、以免混目學者仍求之渾天寶照自得認局之法、此法極正大極光明仰極精妙、有鬼神合吉之機有造物同游之樂、靈犀子嘗賦渾天寶照見贈云、箇中人對鏡中天天象分明在眼前按栻每逢雙璧合、探星時有五珠聯、指揮日月頻來往、掌握乾坤任轉旋、寶鑑一奩光四照、願君長造福綿綿、世有留心造福者、乎吾願以此持贈也、

西山兼辛一度、取二月初三日戌時初一、刻安厝太陽危十七度此刻太陰至壁初度正到西山、福星壁十一度到庚恩星室五度到辛輔之又太微垣帝星到向、吉、此癸卯春選取本日午時初二刻出樞太陰在室十二度宅屬丙向此刻日月輔恩星到向照宅故吉

有以此期冲犯太歲者、按星經歲星所在國吉不可伐、對冲爲災、如歲在卯、不可東征、史墨言越得歲而吳伐之、必受其凶是也、言歲星所在不可冲、非謂太歲也、所在國、謂天盤十二宮分野、非紀歲之十二支、亦非地盤之二十四方也、歲星是歲星、太歲是太歲、不相同也、天有天之卯、地有地之卯、歲月日時、又各有各之卯、無相混也、彼誤以歲在卯之歲爲太歲之歲、又誤以天盤分野之卯、爲歷家紀歲之卯、益誤以歷家紀歲之卯、爲地盤辨方之卯、曰是歲所在不可冲、謬矣、

丁山兼午迎水向
取八月初五日未正二刻
一分安厝此刻太陽張四
度到未太陰角三度到午
夾照丁山木星亢十度到
巳水星柳十一度到申隔
一宮夾照丁山成恩福輔
日月吉局又太微垣帝星
臨山尤吉

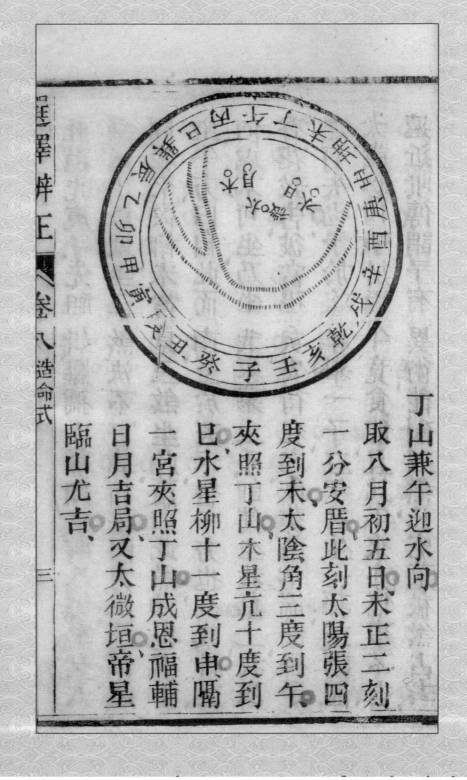

此道光庚子、先祖　妣、羅孺人葬期也、將入壙矣、友人蕭鳳山、以地坐三　煞、決不可葬、詣墓門力阻、予曰適間我來啟柳未嘗見三煞坐此、蕭曰此煞神也本年坐午方、曰自此而　南至於天末皆午方也彼既神矣、何處不可坐、乃坐　我家墓上乎、即使坐我墓上、我以香花致告、彼當退　矣、安得犯之、既葬蕭常惴惴恐予之有失也、予於次　年舉一子、三年又生一孫、或謂值太歲必凶、予於丙　午竟食餼、且比年來亦無事不吉、遠近哄傳、謂予有　異術能制三煞、凡宅墓被煞占去、庸師不能措手者、輒延予驅之、可笑也、按地學最忌三煞、謂山煞水煞、風煞也、地理辨正、有三煞方、即洛書九宮、以太一所臨、判衰旺生死、水之正神有三、山之零神有三、皆煞方也、凡宅墓值此者、多主敗絕、世俗怵其名、莫得其實、因祿命家有災煞歲煞劫煞之日、遂謂三煞是此、舉世避之、如畏虎狼、此不過游年之絕胎養三方耳、地理家謬以此談三煞、遂使倒殯橫埋、不得一正邱首、十載有不遷之殯、九原多抱痛之魂、悲夫、資陽李某家素封、以舊宅狹、遷居別業盎洞坊也、己酉十月爲子娶婦、臘月初、忽縊死、其母家鳴於官驗之、頸有刎傷、李破費不貲、遂咎其宅、迎予相之、其宅基一犂鏵觜角也、宅當其巔、是乘山煞、宅前田、水會聚渟蓄激蕩、正神也、是謂水煞、油榨在己洞房樓下也、咿啞撞擊、是爲催煞、新婦壬辰生、與己同宮、先天兌也、兌爲少女、妝樓適在其上、禍當新婦矣、應酉年丑月者、三合催煞也、

川北某翁、費數千金作新宅、徙居未幾、二子一媳、同

時被殺孫甕於水時癸未六月也因毀宅留右旁一棟招佃壬辰九月其佃毆傷人命換一佃乙未六月又殺傷人命遂盡毀之於基後扦穴自爲石槨焉既葬丁未六月其孫某又爲人所殺尋經其地竊覗之其宅基亦犂鏵觜也脈自山頂貫下起於坤訖於未去其尖而宅之湊山煞也宅前水去極遠重門洞開皆作北向零神也轉爲風煞宅左塘水渟積現光於戌零正兩兼是搆水煞蓋三煞齊會矣多應未年未月值山煞也一應辰年戌月太歲衝動水煞也

壬山丙向兼子午一度取十一月二十四日辰時正一刻五分安厝此刻太陽斗二度到辰太陰軫十二度到未福星心四度到巳恩星氐七度到午重重拱照壬山紫炁氐十六度正到丙向德星也得恩福日月夾輔對照壬山吉

此同治[illegible]亥改葬先祖妣吉日梁紫垣曰此五星成局較前局尤美有謂前局局犯月忌者敢問月忌何說曰術家以九宮之五黃謂煞每月以初一從一白數起至二十七日止凡三周初五十四二十三皆落中宮中宮五黃也故謂之月忌夫黃爲土之正色萬物皆賴以生安得謂煞且每月必遺三日法亦不逼按易乾鑿度太一取其數以行九宮鄭康成註云太一北辰神名也下行八卦之宮每四乃還於中央中央者地祇所居天數以陽出以陰入陽起於子陰起於

午是以大一之行，從坎宮起，自此而坤而震而巽，所行者半矣，還息於中央之宮，既又自此而乾而兌而艮而離，行則周矣，上游息於太一之星而反紫宮，山堂考索云，太一飛行九宮，每四十餘年一徙，元空運世法則三十年一徙，地理之用九宮，以太一所臨也，用其所臨，不用其所息中宮息者也，非煞也，一切飛宮弔度，皆本之此，而莫知其由者也，更有以年月日時干支飛行九宮，以所值之色推論生剋者，謂之紫白，年月皆月忌之類也

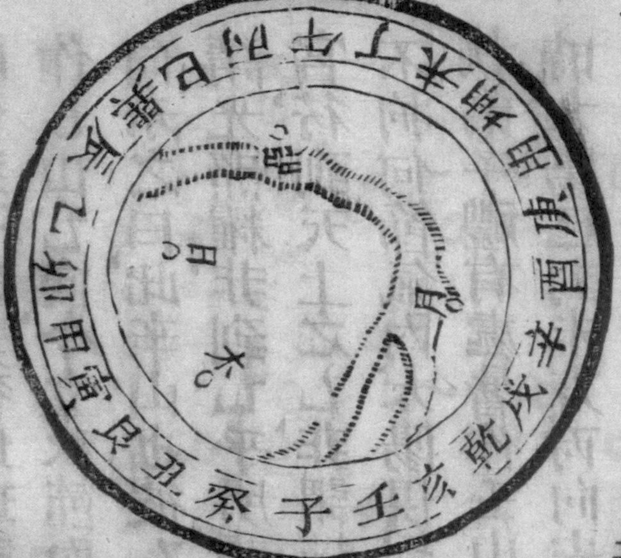

辛山乙向兼酉卯

取七月十六日卯時正三刻十四分安唇，此刻太陰女八度到山，太陽柳十度到向，木星軫九度到艮，紫炁參三度到丙，合照辛山，日月拱照，福星三合，吉。取前一日酉時正三刻十四分開山，太陽柳九度到山，福星各在原度，水到坤，炁到壬，隔一宮夾照辛山，吉。

時會葬一客素習地理請曰某聞霜降太陽到乙宜作乙山乙向今立秋節內太陽安得到乙乎予指坐向示之曰此辛山也彼乙向也向上明明有一太陽請光照耀非到乙乎所謂霜降到乙乃太陽躔次過宮行到天上之乙非謂地之乙方也若用卯時未刻不拘何節氣內太陽俱到乙方今日是也客大悟遂執弟子禮有處暑作壬山者自謂太陽到向御用未時太陽已到未方丙向安得尚有太陽對照壬山乎瞶瞶者猶執書諱葬真捐盤捫燭以爲日者也

乙山辛向監碑

取六月初九日甲子未時初三刻十二分時屬夏至末候太陽井十六度此刻太陰至角八度適值天綱主到乙山三垣帝星臨山福星一在參初度到坤一在危八度到壬又三合乙山大吉

有謂此爲破日者、問何以破、曰日月沖也、月屬午、日在子、故曰破也、按天官書、當日之沖、則月爲之食、昔人謂子午沖、以子宮午宮、有日月相沖、非子宮沖午宮午宮沖子宮也、如前辛山乙向一局日月對照、太陽柳十度、天盤午宮也、太陰女八度天盤子宮也、設遇亥食亦女八度之月、與柳十度之日、對道對度相沖、與天盤之子宮午宮無涉、若日辰月建之子午、更風馬牛不相及也、安得爲沖、亦安得爲破、建除之謬解、大紳封事固言之、

乾山巽向建魁星閣、咸豐辛亥取四月二十一日卯時初二刻八分動工下石、此刻太陽昴二度到甲、太陰虛五度到丁、日月三合乾山、太微三合臨山室壁到向、太微諸神考節之所、三台升降、文苑之階、室主土功、壁主文章道術、吉。

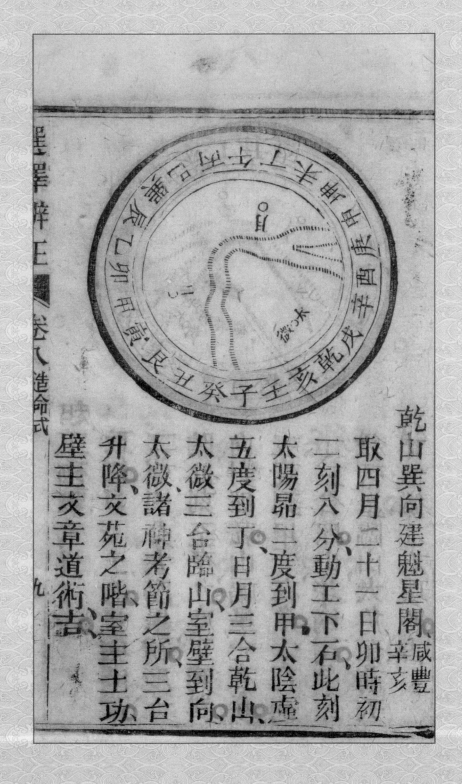

起工砌甎吉日

取四月二十八日卯時正二刻四分太陽畢初度、太陰此刻至奎九度正到巽、向對照乾山福星一在參五度到甲一在危二度到丁三合照山斗柄到乾紫微帝星臨山大角在前天市太微左右環照吉

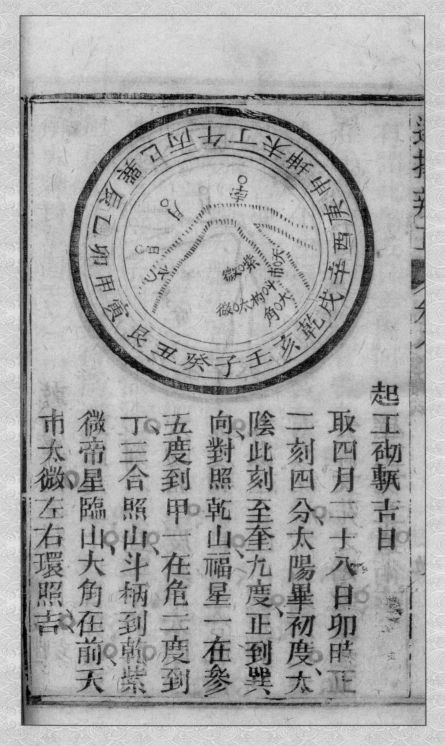

豎柱上梁吉日

取五月初八日卯時正初刻、太陽躔九度，此刻恩星婁一度、到巽，對照乾山、福星一在井初度、一在危三度、仍到甲丁，三合乾山、斗柄及三垣帝星仍集乾方、諸吉叢聚，主人文蔚起立奪元魁、是歲恩科獲售者四人、經魁一人按北斗七星四星方形者爲魁、天官書斗魁上戴六星、曰文昌宮、後世祀文昌、蓋取文教昌明之義、祀其星、載在祀典、又作一魁星閣於文昌宮之前者、象星之形也、古以文昌在乾、魁星自當在巽、作魁星閣必檢巽方者、文昌宮之巽方也、今多作文廟之巽方誤、魁即北斗之魁、神即斗魁之神、星經斗魁中有細星四五相聚、曰天理、人能見之者福壽、言天主宰萬物之理、人能見得此理、透徹自然福壽、故道書尊其神曰靈祖、亦曰斗口、言神在北斗口中也、顧亭林曰、今人祀魁星莫得其象乃取之字形爲鬼起足而踢斗宜乎世之號爲文人者皆爲鬼蜮之行以謀升之祿歟今遂不曰魁而曰奎奎乃白虎七宿之一武庫也主兵亦曰天豕主溝瀆爬陵池江河之事皆古之全與文教無涉或稱奎璧聯輝以璧爲圖書秘府主文章道術是璧也其鄰也於奎乎何與既曰奎矣其象宜作大圭何得仍祀鬼斗夫以文人所祀祀典所關猶謬妄如此又何怪星命諸家派七政四餘逐年輪當魁星也

艮山坤向開光

取二月初八日申時初初刻時屬雨水末候日躔娵訾之次本日坐危九度此刻正到坤向對照艮山土星在壁一度到丁火星女二度到庚日爲羣陽之精土爲福星火爲恩星恩福輔日正照神座吉

鴈江下東鄉薊廟中塑九子聖母像蓋求嗣之神也裝彩甫畢予適客其里之回龍場首事某向予擇吉點像擬撰碑文以未悉出處亟問於予予笑曰此天神也人間紀載何從考其出處記天官書尾宿一名九子爲后宮之象近心第一星爲后二三爲夫人次爲嬪妾九星均明大小相承主後宮有叙而多子孫尾後河中一星曰傅說保傅之象主禱祈子嗣由是言之九子聖母當是尾宿無疑某大喜據此撰碑具厚餽焉

寅山申向娶婦
取十二月十九日午正一
刻成禮太陽牛二度到午、
太陰軫四度到戌、三合寅
宅、紫炁心三度到向照宅、
福星婁八度到卯恩星井
六度到丑夾照寅宅吉取前
一日午正初刻坐西面東
加筭生炁在東也不拘何
命生人執梳但取年高
德邵子孫衆多者吉

有以此爲楊公忌日者、按父母見背之日、是謂忌日、禮曰、君子有絶身之喪、忌日是也、又曰忌日必哭、又國家忌辰、天下之忌日也、一切吉凶諸事例應停止、楊公檢出此等日、敬避不用、展孝思、遵王制也、嘗信于於今之人而亦避之忌之乎、王仲任論衡言學書忌丙日、倉頡以丙日死也、子卯不舉樂、夏殷以子卯亡也、重先代亡日、悽愴感動、不忍舉事、非有凶禍也、忌日之法、丙與子卯之類也、世俗惛不察、以爲有凶禍而避之、無怪其多禁忌、而益拘畏也、

嫁娶禁日

此見慈海慈航皆聖神仙佛降誕之日男女居室不知敬避主疾病夭殤生子不育嫁娶勿用亦造福之一端也

正月初二二　初八九　十四五　十六　二十三

二月初二　初八　十五　十八九　二十一

三月初二三　初八九　十六八　廿七　二十八

四月初一四　初八　十四　十七八　二十八

五月初一五　初六七　十一二五　十六七八　二十五六七

六月十三　十九　廿三　廿四　二十六
七月初七　初十　十五　十八九　三十
八月初一　初三　初十　十五
九月初一　初九　十九
十月初一　初五　初十　十五　二十七
十一月初四　初六　十七　十九　二十三五
十二月初四　初八　十六　二十　二十四五
每月朔望晦日、初八十四二十九八二至二分四立
三伏兩社甲子庚申諸日均宜禁

一園主人輯辨正適成客有聞而訪之者讀竟笑謂主人曰某聞西荒之外有狂人國其國有狂泉國人飲此水者皆狂國王心知其然獨不飲此水而不狂乃狂者轉以不狂者爲狂羣聚而譁欲治國王之狂遂鼓譟入宮捽國王之髮縛國王之手縶國王之足掬狂泉之水而灌之國王不堪其擾强飲之而亦狂於是國人乃大快今天下之干支猶之狂泉也今天下之用干支猶之國人之飲狂泉而狂也足下獨不用干支猶之國王獨不飲狂泉而不狂也吾恐狂者

轉以不狂者爲狂足下將有不堪其擾之日爲國王計曷若佯狂以飾國人之耳目實則私蓄甘泉以備飲之更爲得乎奈何矯矯自矜以招國人之譁也主人听擬引切笑貌見上林賦然而笑曰吾亦知夫蜀犬吠日越犬吠雪乎吾蜀西南有漏天者恆雨少日日出則犬吠不已南方炎熱少雪柳子厚至越之明年冬大雪踰嶺被南越中數州數州之犬皆蒼黃吠噬狂走者累日至無雪乃已夫日與雪陰陽之正氣也常也非怪也犬之吠吠所怪也少所見則多所怪是以吠之

也選擇之用七政原於經史載在青囊猶之蜀之有日越之有雪也彼以為怪而非焉者狃於所常見而驚其所罕見也如子言將謂造物者因羣犬之吠遂使蜀可不日越可不雪乎抑使蜀之日必兼雨越之雪必兼晴乎知非造物之心矣為大造計惟令蜀之犬恆見日越之犬恆見雪則習為常而不之怪夫而後狂者自戢吠者自息此辨正一書所為急輯也客無以答瞠乎相視因附記之以博閱者之一笑

跋

選擇辨正八卷、一園謝君因天元選擇章詮解、多謬辨之使歸於正也君留心造福、嘗訪予於八景山房、予以歷譜及渾天寶照贈之、並綴以詩、君晨夕揣摩遂徹造命之理、出而用之以璇璣轉運、候天光下臨、一切禁忌、皆斥置弗道見者駭聞者驚羣以為凶、此轉得吉人、恐獲咎此竟致祥由是名大譟學者遂眾因纂輯是書以代提命學者遵用其法亦莫不吉祥止、止屢請付梓以公天下、君不可今歲學友輩復申前議君請決於予予以為闡發天元以利天下之用以釋天下之疑即以造天下之福奚不可者行見此書出天下咸知此為經世之大法種種訛謬皆轉而從正範三光順四時以厚生民以輔政治是兩間氣運一大轉機也非君明辨曷克致此君名少暉號鄉癯一園其所居別墅也以歲進士注銓訓導因親老不願赴官居園中靈椿綠蔭樂而忘貧著書二十餘種并詩古文辭若干卷類皆遵道獨行不牽於俗是集雖專為選擇家說法已足見其擇術之正晰理之精也學者不忍自私羣醵金鐫版以公於世

占筮類			
1	擲地金聲搜精秘訣	心一堂編	沈氏研易樓藏稀見易占秘鈔本
2	卜易拆字秘傳百日通	心一堂編	
3	易占陽宅六十四卦秘斷	心一堂編	火珠林占陽宅風水秘鈔本
星命類			
4	斗數宣微	【民國】王裁珊	民初最重要斗數著述之一；未刪改本
5	斗數觀測錄	【民國】王裁珊	失傳民初斗數重要著作
6	《地星會源》《斗數綱要》合刊	心一堂編	失傳的第三種飛星斗數
7	《斗數秘鈔》《紫微斗數之捷徑》合刊	心一堂編	珍稀「紫微斗數」舊鈔
8	斗數演例	心一堂編	秘本
9	紫微斗數全書（清初刻原本）	題【宋】陳希夷	斗數全書本來面目；有別於錯誤極多的坊本
10-12	鐵板神數（清刻足本）——附秘鈔密碼表	題【宋】邵雍	無錯漏原版　秘鈔密碼表　首次公開！
13-15	蠢子數纏度	題【宋】邵雍	蠢子數連密碼表　打破數百年秘傳　首次公開！
16-19	皇極數	題【宋】邵雍	清鈔孤本附起例及完整密碼表　研究神數必讀！
20-21	邵夫子先天神數	題【宋】邵雍	附手鈔密碼表　研究神數必讀！
22	八刻分經定數（密碼表）	題【宋】邵雍	皇極數另一版本；附手鈔密碼表
23	新命理探原	【民國】袁樹珊	子平命理必讀教科書！
24-25	袁氏命譜	【民國】袁樹珊	
26	韋氏命學講義	【民國】韋千里	民初二大命理家南袁北韋
27	千里命稿	【民國】韋千里	
28	精選命理約言	【民國】韋千里	北韋之命理經典
29	滴天髓闡微——附李雨田命理初學捷徑	【民國】袁樹珊、李雨田	命理經典未刪改足本
30	段氏白話命學綱要	【民國】段方	民初命理經典最淺白易懂
31	命理用神精華	【民國】王心田	學命理者之寶鏡

32	命學探驪集	【民國】張巢雲	發前人所未發 稀見民初子平命理著作
33	澹園命談	【民國】高澹園	
34	算命一讀通——鴻福齊天	【民國】不空居士、覺先居士合纂	
35	子平玄理	【民國】施惕君	
36	星命風水秘傳百日通	心一堂編	
37	命理大四字金前定	題【晉】鬼谷子王詡	源自元代算命術
38	命理斷語義理源深	心一堂編	稀見清代批命斷語及活套
39－40	文武星案	【明】陸位	失傳四百年《張果星宗》姊妹篇 千多星盤命例　研究命學必備
相術類			
41	新相人學講義	【民國】楊叔和	失傳民初白話文相術書
42	手相學淺說	【民國】黃龍	民初中西結合手相學經典
43	大清相法	心一堂編	重現失傳經典相書
44	相法易知	心一堂編	
45	相法秘傳百日通	心一堂編	
堪輿類			
46	靈城精義箋	【清】沈竹礽	沈氏玄空遺珍 玄空風水必讀
47	地理辨正抉要	【清】沈竹礽	
48	《玄空古義四種通釋》《地理疑義答問》合刊	沈瓞民	
49	《沈氏玄空吹虀室雜存》《玄空捷訣》合刊	【民國】申聽禪	
50	漢鏡齋堪輿小識	【民國】查國珍、沈瓞民	
51	堪輿一覽	【清】孫竹田	失傳已久的無常派玄空經典
52	章仲山挨星秘訣（修定版）	【清】章仲山	章仲山無常派玄空珍秘 門內秘本首次公開 沈竹礽等大師尋覓一生末得之珍本！
53	臨穴指南	【清】章仲山	
54	章仲山宅案附無常派玄空秘要	心一堂編	
55	地理辨正補	【清】朱小鶴	玄空六派蘇州派代表作
56	陽宅覺元氏新書	【清】元祝垚	簡易・有效・神驗之玄空陽宅法
57	地學鐵骨秘　附　吳師青藏命理大易數	【民國】吳師青	釋玄空廣東派地學之秘
58－61	四秘全書十二種（清刻原本）	【清】尹一勺	玄空湘楚派經典本來面目 有別於錯誤極多的坊本

62	地理辨正補註　附　元空秘旨　天元五歌　玄空精髓　心法秘訣等數種合刊	【民國】胡仲言	貫通易理、巒頭、三元、三合、天星、中醫
63	地理辨正自解	【清】李思白	公開玄空家「分率尺、工部尺、量天尺」之秘
64	許氏地理辨正釋義	【民國】許錦灝	民國易學名家黃元炳力薦
65	地理辨正天玉經內傳要訣圖解	【清】程懷榮	秘訣一語道破，圖文并茂
66	謝氏地理書	【民國】謝復	玄空體用兼備、深入淺出
67	論山水元運易理斷驗、三元氣運說附紫白訣等五種合刊	【宋】吳景鸞等	失傳古本《玄空秘旨》《紫白訣》
68	星卦奧義圖訣	【清】施安仁	三元玄空門內秘笈　清鈔孤本 過去均為必須守秘不能公開秘密 與今天流行飛星法不同
69	三元地學秘傳	【清】何文源	
70	三元玄空挨星四十八局圖說	心一堂編	
71	三元挨星秘訣仙傳	心一堂編	
72	三元地理正傳	心一堂編	
73	三元天心正運	心一堂編	
74	元空紫白陽宅秘旨	心一堂編	
75	玄空挨星秘圖　附　堪輿指迷	心一堂編	
76	姚氏地理辨正圖說　附　地理九星并挨星真訣全圖　秘傳河圖精義等數種合刊	【清】姚文田等	蓮池心法　玄空六法 門內秘鈔本首次公開
77	元空法鑑批點本——附　法鑑口授訣要、秘傳玄空三鑑奧義匯鈔　合刊	【清】曾懷玉等	
78	元空法鑑心法	【清】曾懷玉等	
79	蔣徒傳天玉經補註	【清】項木林、曾懷玉	
80	地理學新義	【民國】俞仁宇撰	揭開連城派風水之秘
81	地理辨正揭隱(足本)　附連城派秘鈔口訣	【民國】王邈達	
82	趙連城傳地理秘訣附雪庵和尚字字金	【明】趙連城	
83	趙連城秘傳楊公地理真訣	【明】趙連城	
84	地理法門全書	仗溪子、芝罘子	巒頭風水，內容簡核、深入淺出
85	地理方外別傳	【清】熙齋上人	巒頭形勢、「望氣」「鑑神」
86	地理輯要	【清】余鵬	集地理經典之精要
87	地理秘珍	【清】錫九氏	巒頭、三合天星，圖文並茂
88	《羅經舉要》附《附三合天機秘訣》	【清】賈長吉	清鈔孤本羅經、三合訣法圖解
89-90	嚴陵張九儀增釋地理琢玉斧巒	【清】張九儀	清初三合風水名家張九儀經典清刻原本！